【中国人格读库】

国家新闻出版广电总局

培育和践行社会主义核心价值观主题出版重点出版物

陶行知传

高占祥 主编

刘锐 著

北京时代华文书局

【总序】

社会主义核心价值观与中国人格

周殿富

社会主义制度在中国已经建立了六十余年，而我们党则在本世纪初叶提出了培育弘扬社会主义核心价值观的重大课题，显然是其来有自。

社会主义的道德风尚在新中国蔚然兴起，曾经那样地风靡于二十世纪中叶。邓小平同志曾经在改革开放中讲过，当年“这种风气不仅是中国历史上从来没有过的，而且受到了世界人民的赞誉”。然而可惜的是，这个在社会主义制度建立与实践中，同步兴起的社会主义道德风尚的成长道路，却是一波四折。半个多世纪以来，它先是与共和国一道遭受了十年“文革”的浩劫；接着便是全党工作重心转移到改革开放进程中，欧风美雨“里出外进”的浸洗濡染；再接着是西方“和平演变”在东欧得手的强烈震荡与冲击；最后又是市场经济中那两只“看不见的手”在搅动着、嬗变着人们的价值取向。至少在国民中出现了价值观上的多层次化，传统美德的弱化，社会道德文明水准的退化，光荣革命传统的淡化，这也许正是中央在本世纪初提出社会主义核心价值观的原因吧。

不管怎么“变”，怎么“化”，当我们回首来时路，却不能不说，中华民族真的很强大，很值得骄傲。人类经历了几千年的文明进程，堪称世界文化之源的“五大文明古国”，其他四大古国文明都已被历史淘汰灭亡，只有中国成了唯一的延续存在。近现代即使那般的积贫积弱，被西方列强豆剖瓜分、弱肉强食，想亡我中华都不可能，就连最强大的美帝国主义，最凶残的日本军国主义都成为我们的手下败将，而且打出了一个新中国，且跨过整整一个历史阶段，直接进入了社会主义。西方敌对势力几十年不遗余力地对新中国百般围剿，“冷战”“热战”“和平演变”手段用尽，连如此强大的前苏联乃至整个苏东阵营都被瓦解了，而社会主义的旗帜仍旧在960万平方公里的土地上高高飘扬，而且昂首挺胸地屹立在世界的东方，中国真的是太强大了。几十年来的瞩目成就，竟然令西方发出了“中国威胁论”。你管他别有用心也好，言过其实也好，总比让别人说我们是“瓷器”，是“东亚病夫”好吧？1840~1949年的一百零九年间，中国尽受别人的欺负、“威胁”了，我们也能让那些昔日列强有点“威胁感”，又有什么不好？更何况这是他们自己说的啊！我们并没吹嘘，也没有去做。几千年来我们侵略过谁呢？“反战”“非攻”“兼相爱，交相利”，中国古有墨子，近有周恩来、邓小平同志。这也是中华民族固有传统美德的延续吧！

生于忧患，死于安乐，这也当是中华民族的一个传统美德吧？几十年来尽管中国如此繁荣兴旺，但从邓小平生前一直到党的“十八大”以来，无论哪一届中央领导集体，从来都没有忘记过国之忧患。忧在何处，患在何处呢？

二十世纪八十年代末，邓小平同志曾经在半年的时间内四次提到：中国改革开放十年最大的失误在教育，在“对青年的政治思想教育抓得不够”“对人民的教育不够”，足见他的痛心疾首。他晚年时又提到了“国格”与“人格”的问题，讲道：“谈到人格，但不要忘记还有一个国格。特别是像我们这样第三世界的发展中国家，没有民族自尊心，不珍惜自己民族的独立，国家是立不起来的。”

（精装版《邓小平文选》第3卷331页。）

人们很少注意到邓小平的这一段话，但邓小平恰恰是在这里把“国格”“人格”提升到了事关“立国”的高度。

那么，什么是我们社会主义的“国格”呢？邓小平讲得很明白：“民族自尊心”“民族的独立”。

新中国一路走来，我们最大的尊严便是完全靠“自力”，靠“艰苦奋斗”，而达“更生”之境。对西方敌对势力的“冷战”“热战”“和平演变”，我们何曾有过屈服？也正是在这一前提下，我们才有真正的“民族独立”。这就是我们的国格。那么什么是我们中国人的人格呢？邓小平同志在这里没有讲，但他在1978年4月22日召开的全国教育工作会议上的讲话中，在讲到我们的教育培养目标时，至少提到与社会主义人格相关的各个方面：革命的理想，共产主义的品德，勤奋学习，严守纪律，艰苦奋斗，努力上进，爱祖国，爱人民，爱劳动，爱科学，爱护公共财产，助人为乐，英勇对敌，集体主义精神，专心致志地为人民工作，等等。这里的哪一条不属于社会主义人格的范畴呢？

2006年党的十六届三中全会，第一次提出了“建设社会主义核心价值体系”的历史性命题和战略任务。2007

年，胡锦涛同志在“6·25”讲话中又具体提出这个“体系”包括四个方面的内容：①马克思主义的指导思想；②中国特色社会主义共同理想；③以爱国主义为核心的民族精神和以改革创新为核心的时代精神；④社会主义荣辱观。这四个方面，一是信仰，二是理想，三是精神，四是道德文明，哪一个不在社会主义人格的范畴之内呢？党的十七届六中全会又提到了社会主义核心价值体系是“兴国之魂”。

2012年11月，在党的“十八大”上又用“三个倡导”把社会主义核心价值观概括为十二项：①倡导富强、民主、文明、和谐；②倡导自由、平等、公正、法制；③倡导爱国、敬业、诚信、友善。而且中办文件又把这“三个倡导”分为三个层面：第一个“倡导”的四项，是国家层面的价值目标；第二个“倡导”的四项，是社会层面的价值取向；第三个“倡导”的四项，是公民个人层面的价值准则。实际上前两个“倡导”的八项都是属于“国格”范畴，而第三个“倡导”是属于“人格”范畴。

那么，我们怎样才能在前面讲到的那些历史嬗变中培育建构起这个“核心价值观”呢？中共中央政治局的第十三次集体学习，似乎很明确地回答了这个问题。

新华社北京2014年2月25日电讯称：中央政治局在2月24日，以弘扬社会主义核心价值观，弘扬中华传统美德为内容，进行了集体学习，习近平总书记在主持学习时强调：

培育和弘扬社会主义核心价值观必须立足中华优秀传统文化。牢固的核心价值观，都有其固有的根本。抛弃传统、丢掉根本，就等于割断了自己的精神命脉。博大精深的中国优秀传统文化是我们在世界文化激荡中落稳脚跟的根基。中华文化源远流长，积淀着中华民族最深层的精神追求，代表着中华民族独特的精神标识，为中华民族生生不息、发展壮大提供了丰厚滋养。中华传统美德是中华文化精髓，蕴含着丰富的思想道德资源。不忘本来才能开辟未来，善于继承才能更好创新。对历史文化特别是先人传承下来的价值理念和道德规范，要坚持古为今用、推陈出新，有鉴别地加以对待，有扬弃地予以继承，努力用中华民族创造的一切精神财富来以文化人，以文育人。

习近平总书记的这段论述相当精辟，对于如何培育建构社会主义核心价值观问题从四个方面剀切明白。

第一，他明确指出要在中华优秀传统文化的基础上，来构造我们的社会主义核心价值观，而不能割断历史。这一条十分重要，否则我们便会失去我们的本来面目，便会成为无源之水，也就无法走向未来。

第二，指出了中华传统美德是中华文化精髓，蕴含着丰富的思想道德资源。这就为我们揭示了社会主义核心价值观，要以弘扬优秀的中华传统美德为基础。

第三，他指出，对传统文化在扬弃中继承，在继承中创新。这就是说，社会主义核心价值观的内涵，既要有优良传统的文化精神，也要有时代精神，是二者的有机结合。

第四，他指出要用中华民族创造的一切精神财富，来化人育人。这就是说，弘扬中华民族文化，并不只是传承儒学那些道统，而是要弘扬全民族共创的优秀传统文化。同时也就是说，培育、弘扬社会主义核心价值观的根本目的是化民、育人。

尤其值得瞩目的是，习近平总书记在这次讲话中提到了一个“中华民族独特的精神标识”问题，而在同年的全国组织部长会议上又提出我们再也不能以GDP论英雄的思想。让人欣慰的是，思想道德文化建设终于被提升到一个民族的标识地位，这至少表明中国人的思想观念，并不落伍于世界潮流。

并不受人欢迎的亨廷顿生前给他的祖国提出的警示忠告，竟是如何弘扬他们没有多少历史和文化的“传统文化”：“盎格鲁新教精神——美国梦”，以此为国家的“文化核心”问题。他讲道：“在一个世界各国人民都以文化来界定自己的时代，一个没有文化核心而仅仅以政治信条来界定自己的社会，哪有立足之地？”所以，他提醒他无限忠于的祖国，一定要巩固发扬他们自入居北美以来，在新教精神基础上形成的“美国梦”理念的“文化核心”地位，这样才能消解这个国家的民族与文化双重多元化的危机。为此，他甚至预言美国弄不好会在本世纪中叶发生分裂。而且他公开预言不列颠大英帝国也会因民族与文化多元化的问题，导致在本世纪上半期发生分裂。

西方的一些专家学者们也十分强调国家民族文化的地位问题，柏克说：“全世界的人根据文化上的界限来区分自己。”丹尼尔同样说：“保守地说，真理的中心在于，对一个社会的成功起决定作用的是文化，而不是政治。开明地说，真理的中心在于，政治可以改变文化，使文化免于沉沦。”这些语言也可能有它们的局限性与某种非唯物性，但至少可以让我们看到那些发达的资本主义国家在想什么，至少与马克思主义经典作家们，关于意识形态并不总是消极被动地接受它的经济基础的论断并不相悖。

中国显然具有世界上最悠久的民族文化，同时显然也拥有世界上最强大的政治优势。新中国包括它直接进入社会主义的经济形态，以及其后的一次次经济变革，哪一次不是靠政治力量在强力推动呢？它当然同样拥有让我们几千年的民族文化“免于沉沦”的能力。有学人认为我们的民族文化早就被以往一次次的历史性灾难割裂了，这个看法显然都是毫无道理的。但我们当下却确实面临着“两个传统”失传失统的危险。中国的传统文化与优秀的民族美德，在当代国民中还有多少传承？老一代中国共产党人用生命与鲜血铸就的光荣革命传统，在党内还有多少“光大”？我们现在全民族的“核心文化”到底在何处？“社会主义核心价值观”的提出不仅符合世界潮流，也是使我们优秀的民族文化得以传承而不发生历史断裂的根本保证。富和强永远都不是一个民族的标志，哪个国家不可以富，不可以强？但能代表中国“这一个”本来面目，具有自己民族特色的，唯有中华民族的文化，能代表中国人形象的只有中国独具的道德人格。什么是人格？人格就是原始戏剧中不同角色的本来面目。

综上所述，我们是不是可以这样认为，社会主义核心价值观应内含如下的成分：中华民族传统文化中的优秀传统美德；中国人民近现代反帝反侵略反封建的爱国主义、斗争精神与中国共产党领导下形成的几十年光荣革命传统；中国化了的马克思主义有中国特色社会主义的共同理想；与“中国梦”远大目标相适应的时代精神。由这些内涵构成的社会主义核心价值观，用它来干什么呢？用习近平总书记的话来说就是“化人”“育人”，把它再具体化一下，无非是打造能体现中华民族特色，代表中国形象的国格、人格。在思想道德层面上，一个国家的民族精神也只有在人的身上才能体现，所以我们依据社会主义核心价值观的基本要求，针对当代青少年的实际情况，策划了《中国人格读库》这样一套大型系列选题。

本套书承蒙全国少工委、中华文化促进会、团中央中国青年网三家共同主办推广，并积极提供书稿。难得高占祥老前辈热情出任该套书的编委主任，且高占祥同志不辞屈就加盟主创作者队伍。一些大学、中学教师与青年作者也积极加盟此套书的编写。该选题被国家新闻广电出版总局列为2014年全国社会主义核心价值观重点选题，在此一并鸣谢。

希望本套书的出版能为社会主义核心价值观的培育与弘扬，为促进青少年的道德人格养成起到积极的作用。欢迎广大读者与作家对不足之处批评教正，多提宝贵建议与指导意见。

谨以此代出版前言并序。

二〇一四年十月

于北京时代华文书局

引言

伟大的人格魅力可以穿越时空局限，影响到世世代代的人。

清朝光绪年间，山东堂邑县出了一个“千古奇丐”。这个乞丐姓“武”，没有名字，因为在家中排行第七，于是就叫“武七”。为什么说他是“千古奇丐”呢？武七出生在一个贫苦的农民家庭，七岁的时候他的父亲就去世了，于是靠当佣工和行乞来养活自己。武七在乞讨中受尽磨难，这让他觉得读书识字很重要，于是在二十多岁时，发宏愿要兴办学校，让贫苦人家的孩子也能读书。

武七从二十岁乞讨到五十岁，用三十年间乞讨来的钱买了两百三十多亩的田产，他已经是个非常富有的乞丐了。不过他并没有自己享用这些财富，而是办了一所“崇贤义塾”，让穷苦人家的孩子免费上学。武七自己不住好房子，也不娶妻成家，而是坚持乞讨，把钱财全部拿来用于兴学。

每次私塾开学的时候，武七都会先拜老师，再拜学生。设宴款待老师的时候，他从来不加入宴席，而是吃残羹剩饭，并说：“我乞者，不敢与师抗礼也！”要是有老师教学不认真，或是学生学习不用功，武七就会下跪恳请他们珍惜这得来不易的教育机会。这使得私塾里的老师和学生都严守学规，努力上进。

此后七八年间，武七又先后兴办了两所学校，为更多穷困贫寒的孩子提供了上学的机会，让他们得以改变命运。武七的事迹感动了官府和朝廷，清廷特地赐名“训”。武训五十九岁的时候，在他兴办的一所学校里逝世了。他是听着学生的诵读声，带着欣慰的笑容去世的。

武训兴学的事迹被广为流传，听者无不为他行乞兴学的信念、舍己为人的精神所感动。

武训逝世的时候，远在千里之外的安徽歙县，有一个名叫“陶世昌”的孩子刚刚上私塾。数十年后，这个小孩长大成人，先到南京读了大学，后又远涉重洋，到大洋彼岸的美国留学。学成归来，陶世昌并没有像很多留学回来的人那样做大官，或是做教授，而是同样走上了“兴学之路”。

这个人就是伟大的人民教育家——陶行知。

陶行知和武训是两个时代的人，可是他们在“舍己为人，兴办教育”这一精神上却是那么相似！陶行知深受武训精神的影响，把武训作为自己的榜样，将人民教育事业作为毕生的事业。他曾这样赞扬武训：

他为兴学而生，为兴学而死。一切为兴学，兴学为苦孩，鞠躬尽瘁，死而后已。他之生是苦孩的幸福。他之死是苦孩的损失。但是死的是他的躯壳，而他的灵魂是永远活着，活在每一个苦孩的心里，在每一个为苦孩服务的人的心里，活在你的心里，活在我的心里，虽然是死了，实在是没有死啊！

发自内心地赞美一个人，就是被这个的人的人格魅力所感染，就不由自主地受他的精神影响而前进。陶行知说武训“为着一件大事来，兴学兴学”，也曾说自己的“人生为一大事来”，“做一大事去”，他用自己的一生来实现了这豪言壮志……

目录

一、追随理想的指引

19世纪末，安徽歙县的黄潭源还算是风云激荡的神州大地上一处安静的乡村。这里住着一户陶姓人家，男主人叫陶位朝，妻子叫曹翠仂，还有一个女儿宝珠。

陶家远祖乃是五柳先生陶渊明，在黄潭源村东还曾建过一所“五柳堂”。家业传到了陶位朝的父亲陶允禄这里，人丁兴旺，村东所居都是陶姓人家，故称“陶家巷”。陶家本以酱园为祖业，但“亨达官酱园”到了陶允禄的儿辈手里，因经营不善，盘给他人，家道中落。陶位朝带着妻子和女儿宝珠，靠耕种祖传的几亩薄田维持生计。

1891年10月18日这天，陶位朝夫妇喜得第二个孩子，也是第一个儿子。按照家谱字辈，取名“世昌”。那时候为了让孩子好养活，通常会给孩子取一个出家人的法名，所谓寄名在观音菩萨座前以托其保佑，消除劫难。世昌的法名叫“和尚”。

陶位朝是读过书接受过教育的人，后来还曾在南京做过中学的国文教员。虽然家境不好，但他很重视“和尚”的教育，早早就教他识字临帖。旧时代小孩开始接受正式教育，叫做“开蒙”。6岁那年，“和尚”由一位叫方庶咸的私塾老师开蒙。但因为家里穷，开蒙以后他并没有进私塾。

两年后，陶位朝幸运地得到一份文书工作，家境有所好转，“和尚”进了离外祖母家不远的一家经馆读书，大概在这时候，他有了自己的学名“文濬”。对于这得来不易的机会，文濬很珍惜，因而格外刻苦努力，学习也很出色。在经馆里接受的中国传统教育为文濬打下了坚实的古文功底，成为他以后学贯中西不可或缺的基础。

然而好景不长，不久陶位朝丢了工作，女儿宝珠又患病夭折，给这个家庭带来了沉重的打击。人在遭遇逆境的时候，倘若不能坚强地挺过去，就容易自暴自弃，寻找麻痹自我的方式。陶位朝就在此时染上了抽大烟的习惯，使得这个家庭更加衰败了。文濬作为家中长子不得不辍学务农，承担起维持家庭生计的重担。

陶位朝在苦闷中信了基督教，妻子曹翠仂因此得到了在崇一学堂做帮佣的工作。崇一学堂是歙县基督教内地会办的一所教会学校，校长是一个叫唐俊贤的英国传教士。经常来探望母亲的陶文濬给唐俊贤留下了不错的印象，在曹翠仂的请求下，唐俊贤同意文濬减免学费入读崇一学堂。

崇一学堂的规模虽然不大，但是却开设了极为丰富的课程，主要有德行、修身、格致、国文、经学、历史（西洋史与中国史）、地理、音乐、体操、英文、代数、医药等。不但有传统国学，更有近代自然科学和外语等“西学”。这些知识大大开阔了文濬的眼界，同时让他接触到了西方人格平等、自由民主的思想和基督教文化。在这样的环境里，文濬的求知欲被大大激发，他如同回到水里的鱼儿，贪婪地在知识的海洋里觅食。除了新鲜的西方学问，他对国学也兴趣不减。他迷恋唐诗，没有书本就向同学借来一本《唐诗三百首》，整本抄写之后天天吟诵。诗歌在他以后的生活和工作中成了离不开的兴趣，也是他得心应手的工具，这在他求学的时候就埋下了种子。

快乐的时光总是短暂的，崇一学堂因为校长唐俊贤的回国而停办了，文濬和他的同学提前毕业。未来的路何去何从？姐姐的夭折让文濬认识到疾病对人和家庭的摧残，加上崇一学堂的医术老师深得文濬的敬仰，于是他想学医。在唐俊贤的建议和帮助下，文濬投考了可以减免学费的教会大学——杭州的广济医学堂。

家里人看到文濬如此上进，深感欣慰，父亲位朝更是狠下决心戒掉了鸦片，四处奔走，为文濬凑足了去杭州的路费，并亲自到码头送他离开。那背井离乡、告别父亲的情景深深地留在文濬的心里，他用诗定格了那幅画面：

古城岩下，
水蓝桥边，
三竿白日，

一个怀了无穷希望的伤心人，

眼里放出悲壮的光芒，

向船尾直射在他的儿子的面上，

望到水、山、天合成一张大嘴，

隐隐约约的把个帆影儿都吞没了，

才慢慢的转回家去。

文濬如愿考上了广济医学堂，但入学仅仅三日就忿然退学了。原来广济医学堂对信基督教和不信教的学生区别对待，文濬认为这是一种歧视，违背了公平原则和博爱精神。此时18岁的他已经有了自己的思想和判断，并且敢于付诸行动。要知道，考上医学堂是他和家人多么大的期待啊！父亲眼里那“悲壮的光芒”可能还在他的脑海里没有淡去呢！但他“敢想敢行动，有做有担当”的秉性在这时就已经显露出来了，毅然弃学回乡，第二年又离开家投奔苏州的姨表哥谋生活去了。

不想，文濬竟在苏州街头偶遇唐俊贤！原来，他又从英国回到了中国。这位传教士再次给文濬带来了好运，指出了方向。他让文濬再投考另一所教会大学——南京汇文书院，并建议他先要攻克英文难关，因为这所学校的英文入学考试非常严格，而且大部分课程都是用英文授课。文濬即刻回家，苦读英语，经过大半年的准备，于1909年顺利考取了汇文书院的中学部。

第二年，文濬完成中学部的预科学习，而此时汇文书院与另一所教会学校宏育书院合并成立“金陵大学”，文濬便直接升入金陵大学，成为该校首届文科本科部的学生。

金陵大学虽说也是教会大学，但没有广济医学堂的歧视，氛围轻松自由很多，这倒使得文濬对基督教产生了兴趣，但他不是盲目地信奉，而是深入地研究，曾研读过詹克斯所著《基督教的社会意义》，对基督教的理念有自己的理解和思考。

在学习西方文化知识的同时，文濬一如既往地醉心中国文化。受老师的影响，他对王阳明的“知行合一”学说深为折服，甚至要将这样的思想灌注到自己的姓名中去，于是根据“知是行之始，行是知之成”，改名“陶知行”。但犹如对基督教一样，他也没有盲目服膺于王阳明的学说，而是保持自己的独立思考，在实践中不断地去领悟。经过20多年的时间，他觉悟一切“知”（知识）都是从“做”（实践）中来的，知识只不过是前人经验和本身实践的总结，所以应该说“行是知之始，知是行之成”，因此他又将名字打了个颠倒，改为了“陶行知”。

自从陶行知进入汇文书院学习，他的家人也增加了生活的信心，特别是他的父亲，走出了鸦片的泥淖，增添了前进的志气，更加努力地持家。同时陶行知也在学校勤工俭学，勤奋写作赚取稿酬，不但挣下了自己的生活费用，而且还可补贴家用。陶行知有个比他小4岁的妹妹，叫“文渼”，也进学校念书了。一家人齐心奋进，日子就渐渐变得好起来。

20世纪初的中国风云变幻，1911年辛亥革命爆发，战火烧到了南京附近，金陵大学被迫停课，陶行知回到了家乡。正当血气方刚的他，并没有在家里保命躲清闲，而是积极地参与到革命浪潮中去，参加了屯溪阳湖余家庄起义。11月18日安徽宣布独立，陶行知担任徽州议会秘书，半年后金陵大学复学，方才卸任返学。

陶行知在金陵大学不光学习知识，还抱着极大的热情参与各种活动，在活动中历练自己。1913年金陵大学举行题为《中国能否建立民国》的演说辩论，陶行知参加辩论并获胜利。2月，金陵大学学报中文版《金陵光》出版，发刊词《〈金陵光〉出版之宣言》即出自陶行知之手。他在《金陵光》一开始做编辑，半年后升为主笔，到毕业时，共在《金陵光》上发表文章12篇，即《〈金陵光〉出版之宣言》《因循篇》《为考试事敬告全国学子》《伪君子篇》《一夫多妻之恶结果》《医德》《杀机之天然淘汰》《呜呼某校》《民国三年之希望》《视神经上血管影之观察》《导引新生之倡议》《共和精义》等文。

《导引新生之倡议》一文关心的是新入学的学生在生活和心理上遇到的种种困难，比如人生地不熟，不了解学校的作息规章，不知道在何处购买用品，或是畏惧老师，被校园恶少欺负，进而导致心理上对学校的反感，对家乡的思念等。陶行知援引美国学校青年会接待照顾新生的体贴周到为例，倡议老生友爱新生，创造快乐和谐的校园环境。以上种种困难每个学生大概都要经历，有的人或者适应之后就淡忘了，或者藏在心底成为永远的阴影，甚至是成为老生之后欺负新生，把自己曾经吃过的苦头发泄到别人身上。但陶行知却选择了将这个问题暴露出来，发表到校刊上与大家分析，并提出切实可行的解决方案，这不正是“知与行的合一”吗?

《为考试事敬告全国学子》先对比了“勤生”(勤奋学习的学生)和“惰生”(懈怠学习的学生)对待考试的不同态度：勤生因为学习认真，非但不惧怕考试，更欢迎考试，因为可以取得好的成绩，赢得荣誉；惰生则因平时懈怠学习而惧怕考试，更怕没考好之后受到家长、老师的批评和责备。但他并不是为了褒贬勤生惰生，而是引出了对问题更深入的思考，不管是勤生还是惰生，都可能因为贪念荣誉，或是畏惧责备而作出欺诈的行为，比如夹带、替考、剽窃、耳语等等。而欺诈的行为才是陶行知批评的对象，他认为这不光是“欺亲师”“自欺”“违校章”的“小”错误，也是“辱国体”“害子孙”的大过错。从考试作弊的小问题谈到了贪污枉法的社会大问题，从考风校风的建设论及国家社会的改革，其思虑之阔远，思维之迅敏，可见一斑!

《共和精义》是陶行知的毕业论文，作为文科毕业生的代表，陶行知在毕业仪式上宣读了论文，后发表在《金陵光》上。他在文中专章论述了“共和与教育”，认为教育可以使人民富裕，开启民智，消除党见，提高民族素质，“教育是建设共和最重要的手续”。可见他“教育救国”的思想在这时就已经萌生，之后在实践中不断地发展丰富，形成了自己的教育理念。

1914年，陶行知从金陵大学毕业。这时他做了人生中的两件大事。第一件事是24岁的陶行知结婚了，他的妻子是妹妹文渼的同学汪纯宜。汪纯宜性格内向，善良温顺，却是个苦命的人，三岁时就失去了双亲。她与文渼本是同学，现又成了至亲，陶行知的家书有时候同时写给两人，并亲切地称呼她们“渼妹”、“纯妻”。结婚之后，陶家举家迁居南京。

第二件事是陶行知决定要留学美国。这可是一个重大的决定！从陶行知的家庭来看，他是家中长子，父母双亲需要供养，现在又刚刚结婚成家，应该是担起家庭责任的时候了。况且，他有金陵大学的文凭，又精明强干，谋一份不错的工作，过上“老婆孩子热炕头”的安逸生活是没有问题的。这个时候选择远涉重洋，到大洋彼岸的美国求学，就意味着放弃以上的优越条件，暂时搁置家庭重担，远离双亲胞妹，远离新婚妻子，远离故土，远离祖国，到陌生国度重新开始！陶行知不可能没有想到这些，不可能没有顾念作为一个儿子、哥哥、丈夫的责任，不可能没有想到去一个陌生国度将要面对的未知与困难。

但是，那一代中国青年志士心中最重视的还是理想与信念、渴望与热血、责任与志向！那时的中国外被列强欺凌，内有军阀混战，民主革命受挫，所有的爱国青年都在思考国家的出路，都渴望一展抱负，实现民族的独立、国家的富强。如何才能实现这一目标？自清末列强用坚船利炮轰开中国紧闭的国门后，经过改革先驱的艰难摸索，人们越发认识走出国门，走向世界，向先进国家学习的重要性。

那时的美国就是无数青年志士向往的国度，那时的美国代表了国人所向往的富强，他们渴望到那里去寻找救国强国的方法。与陶行知同一时期去美留学的陈鹤琴写有一部自传，从中可以看出当时的美国在青年人心目中的形象：

那时美国这一个美丽的国家在我心目中，确是人间天堂呢！听说人民非常勇敢的。三百年前美国是一片荒凉大陆，除了土人，红人，毒蛇，猛兽之外，就没有人了。自从一四九二年，哥伦布发现了这个大陆之后，英国新教徒，法国新教徒，就一批一批地逃到新大陆辟草莱，披荆棘，建立新城市，吸受自由空气。不久华盛顿揭自由旗，脱离英国，宣告独立，建立联邦共和。林肯主张自由平等，解放黑奴。什么开矿筑路，立学校，建工厂，辟市场，一切应兴事业，都是蓬蓬勃勃，如雨后春笋，开始建设了。不久什么煤油出“大王”，钢铁出“大王”，汽车出“大王”，银行出“大王”。什么都出“大王”。甚至于连皮鞋也出“大王”了。

听说人民生活程度是很高的，普通工人每天总有三四块钱的工资。吃的大餐，穿的西装，住的洋房，比我们中国有钱的人，着实要舒服得多呢！

又听说人民的智识也是很高的，差不多没有一个人不读书、不识字的。文化的水准，非常之高。什么博物馆、动物园、植物园、美术馆、图书馆、体育场没有一个城市是没有的。

又听说世界最大最高最多的东西都在美国。最大的大学要算纽约的哥伦比亚了，学生在三万以上呢。最高的房子那时要算Woolwarth Building伍尔获司大厦，有五十七层之高。世界最著名的瀑布要算Niagra Fall奈矮格拉了，图书收藏最丰富的，恐怕要算华盛顿国家图书馆了，交通最便利，铁路最多，公路最长，恐怕也要算美国了。

听说要发财到美国去，要读书也到美国去，要看奇闻观壮，到美国去。要吸自由空气，也到美国去。那时我一听见这样的一个新兴的自由国家，不觉神驰心往了。

与当时的中国相比，美国就是这样一片充满新知、充满活力的土地。陶行知在教会学校读书，对美国有一定理性上的了解，有向往之情也是理所当然的。恐怕那时的他已经认定，救国图强的方法就在美国，因此在左牵右绊之下还是决心出国留学。其实，陶行知出国后也不是完全放弃了家庭责任，千山万水也阻隔不了他对家的牵挂与支持。

当时出洋之风盛行，既有通过诸如清华学校之类的留美预备学校公费出国的，更有自费留洋的。不过无论是公费还是自费，对于寻常人家都是一笔不菲的开销，因而不是谁都可以留洋的。陶行知虽然没有自费出国的财力，但凭借在金陵大学的优异成绩和能力，挣得了一个机会。当时政府为成绩优异而家境困难的学生设立了奖学金，陶行知申请到了这笔钱，但就算是加上家庭的积蓄、勤工俭学积攒的钱，仍然不能满足留美的需要。

眼见留洋的理想就要化为泡影，母校金陵大学为陶行知伸出了援助之手。《金陵光》第5卷第5期《金陵乘：留学美国》刊载："陶文濬、胡天津、陈义门等三君乃本校上届毕业生。校长说以他们之志愿将来定有成就，送他们去美国专科学校就学……"金陵大学校长包文（Dr. Bowen）的母校是美国伊利诺伊州伊利诺伊大学，他亲自出面为陶行知争取到了该校的资助申请。陶行知听到这样的消息，欣喜之情自是溢于言表。

留学美国由陶行知脑中的计划，虽经历波折起伏，总算成为了即将付诸实践的行动。与陶行知同批出国的还有清华学校的70多名毕业生，12位十多岁的"优秀幼年生"，以及清华学校首次选派的10名女留学生。这些"同路人"从四面八方汇聚到上海，带队的是清华学校校长周诒春。他利用办理出国手续的间隙，教学生外国文化与礼仪，细致到教他们吃西餐如何坐座位，拿刀叉，怎样吃面包，喝汤水等等，为的就是让学生们提前了解异国习俗，更快适应国外的生活与学习。

1914年8月15日，招商局码头一声汽笛长鸣，载着陶行知等一众留学生的"中国号"缓缓驶离港口，乘风破浪，驶向大洋彼岸……

经过半个多月的航行，“中国号”于9月7日到达旧金山，留学生团结束了他们的海上航行，从这里上岸，得到了中国驻美领事、华侨代表等人的热情接待与宴请，还参观了著名的斯坦福大学。第二天师生继续启程向东，9月13日到达芝加哥。从芝加哥开始，留学生们就各奔东西了，有的向东去纽约，有的向东北去新英格兰，而陶行知则向南去伊利诺伊州的伊利诺伊大学。

陶行知进入伊利诺伊大学研究院，攻读政治学研究生硕士学位，这是他取得该校资助时指定就读的专业。陶行知是否乐于接受这个指定，对政治学专业是否满意，我们不得而知，但从他的修课记录来看，他在完成所学专业课程的前提下，努力向自己的志趣——教育学转向。第一、二学期陶行知主要修读了：政治学与公法讨论、市政、美国的性质（国家论）、教育行政学、欧洲大陆的政治、美国的外交、美国对外贸易及殖民地贸易等课程，除了“教育行政学”，估计都是必修课程。到了1915年的夏季学期，陶行知修习的全部是教育学方面的课程，包括教育评价基础（单位、等级与规范）、教育研究法、教育心理学讨论及中学课程等等。陶行知用一年的时间就修完了所有的学位必修课程，可见他的努力与勤奋程度。

在异国环境中学习，陶行知仍然保持了积极的社交活动，在第二学期他担任了中国留学生俱乐部的干事，并于1915年夏天参加了在基尼法湖举行的基督教青年会夏季会议，在这次会议上他甚至有了一个“重大的决定”。

陶行知将教育事业作为自己的毕生事业，虽说在他的大学毕业论文中已初见端倪，但对这一志向的明确表态则最早见于他写给哥伦比亚大学师范学院教务长罗素的信。

原来早在陶行知踏上美国大地之前，就心仪当时美国最大的大学——哥伦比亚大学，但受经费限制，失之交臂。然而这所最大的大学仍然吸引着陶行知，让他念念不忘。他在写给罗素的信中坦言：

> 三年前，我就选择哥伦比亚大学作为自己在美国的最终目标，但此计划因经费不足而被暂搁下来。我的毕生志愿是通过教育而非武力来创建一个民主国家。在目睹了我们突然诞生的共和国的种种严重弊端之后，我坚信没有真正的公共教育就不可能有真正的共和国。去年夏天，在基尼法湖举行的基督教青年会夏季会议上，我受到了极大的鼓舞。我毕生献身于教育行政的想法更为具体化了。遍览所有的大学，再次确认还是哥伦比亚大学师范学院对我最合适。

可见哥伦比亚大学对于陶行知的吸引力在于它的师范学院，在于他“通过教育创建一个民主国家”的伟大理想与目标。

然而理想很“丰满”，现实却往往是差强人意，甚至是困

哥伦比亚大学图书馆

难重重。尽管陶行知为进入哥伦比亚大学师范学院而选修了教育学的课程，圆满完成了伊利诺伊大学的学业并取得了文科硕士学位，但阻碍他的“拦路虎”不是其他，正是一直伴随他的“钱老虎”。父亲陶位朝在1915年初去世，4月份陶行知的长子陶宏出生，这就使得陶行知的经济负担更重了。加上哥伦比亚大学所在的纽约消费水平更高，校方又不允许学生自己找工作赚取生活费，陶行知又将面临一座几乎不能翻越的经济大山。

陶行知从来都不是一个将理想与目标停留在笔头的人，一旦立下了目标，他就会行动起来，抓住机会，创造条件，努力地去实现它。现在有一个机会可以搬掉阻挡他进入哥伦比亚大学的“经济大山”，那就是争取获得民国政府的“庚款奖学金”。这项奖学金的资金来源是退还的“庚子赔款”，故名“庚款奖学金”。申请条件是“在大学正班肄业实习，已进入第二年班以上”，“功课实有成绩”，“景况实在困苦”，满足这些条件的自费留美学生向原籍省份提出申请，审核通过，即予发放。

应该说，这些条件陶行知都符合，但他思忖“这样丰厚的奖学金，竞争者必然很多。而申请条件当中的‘功课实有成绩’、‘景况实在困苦’又不是那么明确，要想胜过其他竞争者必须要另出奇招，为自己赢得优势。”主意打定，他便考虑去哪里寻求自己的优势。

陶行知在伊利诺伊大学中修习过一门“美国对外贸易及殖民地贸易”课程，作为中国人的他自然对中美之间的贸易情况予以了特别的关注。陶行知广泛收集材料数据，对1900年至

1914年的15年间中国出口到美国的主要产品生丝、毡料、茶叶以及山羊皮的情况进行了考察，并与其他各国跟美国的贸易额度进行对比，他发现：毡料的情况较好，15年间美国的进口总额增长了近两倍，其中从中国进口的总额增长了近4倍；山羊皮的情况正常，美国的进口总额减少一半，其中从中国进口的总额也随之减少一半。但生丝和茶叶的状况则很糟糕：美国生丝的进口总额增长了3倍，但其中从中国进口的总额只增长了1.5倍，从日本进口的总额却增长了6倍之多，其比重占到了美国生丝进口总额的九分之七！茶叶方面，美国进口总额增长1.5倍，其中从日本进口的总额增长了2倍，印度增长了5倍，英国增长了6倍，而中国出口到美国的总额不增反减，减少了一半！

通过这些数据，我们可以直观地看到当时国际贸易竞争中，中国对美贸易受到的别国竞争与冲击。美国在当时已经是重要的国际市场，陶行知做的这番调查无疑对中国经济贸易具有重要的参考价值。陶行知以此为基础写成了一份调查报告《中国运入美国物产大宗之研究》，以表格的形式列出了1900年至1914年美国分别从中国、日本、意大利、英国、俄国和印度进口生丝、毡料与茶叶的额度；1906年至1914年，美国分别从中国、印度、墨西哥进口山羊皮的额度，并汇总了美国历年进口某种货物的总额，用文字加以说明。在这样一份以数据说话的报告中，陶行知在字里行间却不免流露出对中国在贸易竞争中失利的焦虑，他大声疾呼“吾国丝商苟仍此不振，则江河日下岂可免”，“苟失今不治，则淘汰之祸近在眉睫”！

陶行知撰写《中国运入美国物产大宗之研究》自然是有争取奖学金优势的目的，但他能很好地将学习内容、自身需求与国家需求结合起来。当他写到“吾国丝商苟仍此不振，则江河日下岂可免”，“苟失今不治，则淘汰之祸近在眉睫”等语句时，恐怕已然忘了奖学金之事，代之以对祖国贸易状况的痛心、焦虑！

陶行知将《中国运入美国物产大宗之研究》和“庚款奖学金”申请书一并寄给安徽当局，很快报告就在《安徽公报》第40期上发表出来了，文前还加有省巡按使公署的批语：

中国运美物产大宗之研究一篇阅悉，该生以平日调查所得，造图制表加以说明，具征留心商务，深堪嘉慰。应即采登本省公报，俾广流传，而资考镜。至送部备选一层，仍应查照前批，俟遇有官费缺额时，再行酌核办理，此批照片存。

可见陶行知的调查报告得到了当局的肯定与重视，这当然就为他申请奖学金增加了优势，留学奖学金不奖给这样关心国家，并做出实际工作的人，那还奖给谁呢？陶行知顺利获得了“庚款奖学金”，也就排除了进入哥伦比亚大学最大的障碍。

1915年9月，陶行知夙愿以偿，进入哥伦比亚大学师范学院，开始攻读博士学位。

哥伦比亚大学师范学院创建于1888年，原是一所师资培养专业学校，1898年归属哥伦比亚大学，成为研究生院之一。这个师范学院有着职业教育与研究的传统，特别注重培养学生在院校、医院、企业、社区、政府机关及研究单位中的工作能力。这所学校也具有勇于革新的气质，它在创办之初就开风气之先，实行男女学生同等入学。它也特别强调和奉行平等原则，在就业、教育政策、奖学金分配、贷款各方面，对不同种族、肤色、国籍、年龄、宗教信仰的师生平等对待，一视同仁。

哥大师范学院当时也拥有雄厚的师资力量，有教育心理学家桑代克、教育史家孟禄、比较教育学家麦克默里、教育哲学家克伯屈等。当时名扬世界的实用主义哲学大师杜威也在这里兼课任教。

拥有良好的师资固然是哥大师院的优越条件，但宽松自由的教学研究氛围更是使之成为教育学学术殿堂的“酵母粉”。教育哲学家克伯屈，师承杜威，他的课程就深得学子喜爱。他的教学方法以探讨性学习为主，同学们自由分成若干研讨小组，老师将问题和参考书目告诉大家，然后各小组选定准备研讨的问题，参阅书籍，组内讨论。到上课时，分小组提出意见，各组之间再辩论切磋。等各家意见充分发表、充分探讨之后，再由克伯屈教授进行点评总结。这种开放的讨论学习，使得所有学生都参与到学习与讨论中来，既有独立思考，又有团队协作。每次上课，克伯屈教授的教室总是人满为患，探讨辩论时各方唇枪舌剑，你来我往，氛围好不热烈，学生好不投入！

除了课堂，课外的各项聚会沙龙也非常活跃，其中杜威教授的“星期三下午家庭招待会”别有一番味道。每个月杜威夫人都要约集一批朋友和学生举办一个家庭茶会，酒品点心自是必备，在闲适的家庭氛围里博闻畅聊，学生有机会在这里与学术圈、文化圈里的人士接触交流，是非常难得的机会。

中国有不少著名学者都曾在哥大师院求学，比如胡适、陈鹤琴、陶行知……胡适与陶行知同时进入哥伦比亚大学，只不过在这之前，胡适已经在康奈尔大学的农学院、文学院、哲学系求学4年，后转入哥大，投杜威门下攻读哲学博士学位。陶行知刚从哥大师院毕业，与陶行知同时赴美的陈鹤琴又转入该院。

陶行知在哥大师院总共学习了两个学年，先后修读了教育史、教育哲学、美国公共教育行政、财政学、学校与社会（伦理学和教育学问题）、教育社会学实习、进步社会的教育暨发展、各国学校的行政和社会基础、教育社会学研究等课程。

陶行知是自费留学，进入哥伦比亚大学也是千方百计克服了经济困难才得以实现的。他不可能像富家子弟一样舒舒服服、优哉游哉地学习。以前在金陵大学，陶行知还能从容学习，积极活跃于各种活动中。但在哥大，他必须抓紧时间学习，以尽快学成回国，因为家人还等着他，祖国还等着他！

1916年底，也就是入学哥大一年多以后，陶行知开始撰写博士论文，题目叫《中国教育哲学与新教育》，从论文题目可以看出，陶行知的博士论文仍然不出他“教育救国”的理念和主张。陶行知的“教育哲学”是克伯屈教的，他也深受克伯屈的影响，而克伯屈师承杜威，所以又可以说陶行知间接地受到了杜威实用主义的影响，这在他以后的实践和主张中也多有体现。但这个以中国教育为研究对象的论文，潜藏着陶行知难以克服的困难。

1917年上半年，陶行知全力撰写论文，但到了7月份却因为资料不足而不得不停滞了。原来论文需要以当时中国教育现况的数据作为论据，但这些数据几乎没有现成的文献可以查询，甚至都还没有收集！陶行知想尽办法，查阅了所能查到的全部文献，托人在国内帮忙收集数据，但都不能满足论文的需要。陶行知的论文搁浅了！

在陶行知初到美国的1914年，江苏教育部酝酿成立高等师范学校，以解决省内严重缺乏中学教师的困难。第二年，国立南京高等师范学校成立，中国近代大实业家、教育家张謇的得意门生江谦担任校长，而担任教务主任的就是哥大师院毕业的郭秉文，他受江谦之命，在美国为南京高师网罗人才。陶行知进入哥大的第二学期，就收到了师兄郭秉文的邀请。尚未毕业就有工作找上门来，而且正是可以施展自己才能、祖国亟需的岗位，陶行知没有理由不接受。

可谁能想到，一边是祖国的召唤，理想的召唤，一边却是论文搁浅，毕业自然受阻，陶行知的焦灼可想而知！

不过这也并不是不能克服的问题，外国留学生情况复杂，突发状况自是不少，当时哥大就有一种变通的办法，即经学位评审委员会同意，让学生先行参加答辩，结束在美学习，等论文完成之后，再授予学位。陶行知就在恩师孟禄的帮助下，通过这样的方式毕业了——毕业而未获得学位。

其实，当时这样的情况还不少，同样就读于哥伦比亚大学的胡适和陈鹤琴也都是未获得学位而毕业的，陈鹤琴为此引为“终身大憾事”，胡适则在耿耿于怀十年之后终于拿到了博士学位，为自己的“胡博士”之称正名。但陶行知终究没能拿到博士学位，此中原因复杂，对陶行知来说，一个博士学位自然无法与他后来的教育实绩相比，但可惜的是1920年冬天南京高师校舍失火，陶行知的毕业论文在火海中化为灰烬！

以陶行知的行动力来说，重写论文不是不可能，更何况回国从事教育事业，他已经不再受限于资料和数据的缺失。1923年世界教育联合会成立大会在旧金山举行，陶行知任主任干事的中华教育改进社受邀参加，为此改进社对中国教育实况进行了一次“大盘点、大摸底”。他们向全国125所各类学校寄发统计表格，回收之后连同已有的32所学校的资料，制成56张表格，统计出全国及各省各级、各类学校学生人数、学生与教师比例、学生平均费用、不同经费来源学校情况对比等数据。

这些数据正是陶行知论文需要的，陶行知有条件继续完成毕业论文以取得哥伦比亚大学的博士学位，但他并没有这么做。或许因为论文原稿已毁，或许原来经过深思熟虑的精微思想难以复原，或许此时他忙于工作事务难以抽身，甚或是陶行知对博士之名并无“非拿不可”的想法，总之陶行知最终是以自己的行动实践并发展了自己的教育思想。

1917年秋，陶行知自大洋彼岸回归阔别三年多的祖国，而等待他的又将是什么呢？

二、为了民众的教育

1917年8月，南京渐有秋意，郁郁葱葱的鸡鸣山被朝阳蒙上了金黄的光泽，耸立山巅的北极阁更是变成了一座小小的金塔。这座昭示中国近代气象事业发端的标志性建筑，里面陈设的仪器是否在预测着未来的气象？它能不能预测到这疮痍满目的神州即将到来的“新气象”呢？从这里往南望去，远远便可以看见四根高耸的方柱，在朝晖的映衬下显得格外肃穆，那就是国立南京高等师范学校的大门。

一位年轻男子在这肃穆的大门前停下来。他摘下头上的宽边礼帽，抬头望了望悬挂在方柱上黑底白字的校牌，“南京高等师范学校”八个大字跃然其上，方正端庄，浑厚饱满。

他理着平头，有一两撮头发因为戴礼帽而压得有些塌了，却丝毫不影响硬朗的发型。他天庭饱满，额头宽大，此时在朝阳下还能看见一层细细的汗珠，可能走了一大段路吧！饱满的脸颊，色泽红润，两道剑眉高高地挂在金边眼镜上方，金边眼镜则稳稳地放在宽大的鼻梁上。他的眼睛和嘴最是令人难忘——眼睛虽然不大，但炯炯有神，像这朝阳，能照亮最暗的角落。上下嘴唇厚实而略显阔大，有棱有角，嘴角微翘，连着胡须刮得干干净净的下巴，给人一种刚毅笃定的感觉。他的着装显然是用心的，西装虽然不是全新的，但整洁而挺括，今天对他来说也许是个重要的日子。

看罢校门，他一手拿着帽子，一手提着公文包，大步流星地走进校门。不一会儿就来到一座大气恢弘的西式大楼面前。大楼主楼三层，第四层是座钟楼，大钟不紧不慢地走着。方柱和拱形窗搭配协调，刚柔并济。主楼两侧是两层的拱廊，一字排开去，仿佛两只张开的巨大手臂，准备拥抱来这里的每一个人。

他正打量着，从主楼的大门里走出了清瘦的主人，老远就热情地张开双臂迎了上来，“文濬，可把你盼来了！”没错，这位迎上来的主人正是之前聘请陶行知的郭秉文，南京高师的教务主任。而这位客人正是陶行知，他结束在哥伦比亚大学的学习，应郭秉文之聘，前来南京高师上任了。

一别祖国就是三年，虽然陶行知时时牵挂着家庭，但真正再次迈进家门，看到母亲斑白的鬓角，听到已经三岁、却从来没有见过的孩子喊他“爸爸”，陶行知的心潮如何能够平静。父亲已经不在人世，妹妹长成了大姑娘，妻子独自抚养孩子，总算熬到丈夫回来。陶行知的归来带给这个家庭的是无限的生机，曾经勉强支撑的家庭一下子有了顶梁柱，仿佛一辆疲沓的汽车加满了油，兴奋地朝着美好的未来驶去！

需要陶行知支撑和推动的，不光是他的家庭，新的机遇和挑战正悄然到来。1918年春天的一个早晨，陶行知被请到教务主任办公室，郭秉文已经等在那里了。

“文濬，校长因病离校疗养的事你应该知道了吧？”

“知道。”陶行知答道，但脑子里确实一头雾水，不知这和他有什么关系。

“蒙校长信任，让我代理校长职务。”郭秉文接着说。

“那可要恭喜鸿声兄了！”陶行知道。

“不过，这样一来，教务主任的职位就空缺了。文濬啊，我想，由你来代理教务主任一职再合适不过了！”郭秉文徐徐道来，显然是已成竹在胸。

陶行知一怔，道：“可我来学校还不到一年啊，这么重要的职务……”

“你是最佳人选”，不等陶行知说完，郭秉文就打断了，“文濬贤弟不必再推辞了。你是我从美国请回来的，你的能力我是清楚的，而你在教育事业上又很有自己的想法，今日之南师正如今日之中国，需要的是改良，需要的是变革。文濬贤弟难道不想抓住这个绝好的机会么？”

这一问正戳中了陶行知的内心，他时时都期盼着有这样一个机会一展抱负，于是不再推托，欣然应允，一面继续教授教育学，一面开始以代理教务主任的身份实施改革。他先后在《南京高等师范学校教育研究会会刊》和“老阵地”《金陵光》上发表《试验主义之教育方法》，呼吁本着实用主义的方法进行教育改革。陶行知从来都不是将想法停留在笔头、口号上的人，在他的推动下，南京高师添设了教育专修科，招收教育专业的学生。

南京高师会定期召开校务会议，商讨有关学校的各项事务，像教学改革这样的大事自然免不了要在会议上讨论。为了顺利实施改革，他先要在校务会议上说服众人：

“我回国之后看到国内大多学校，老师只管教，学生只管受教。”陶行知讲到这里，座下的某老师低语“老师不是只管学生，难道要学生教老师不成”，陶行知也不理睬，继续讲道，“特别是大学里，导师叫做教授，大家都以被称教授为荣。他的方法也叫教授法，他好像是拿知识来赈济人的。我们应该以教学法代替教授法，先生教学生学，但教的法子要根据学的法子来，而且先生也不是什么都懂，先生要一面教一面学。”

“我认为陶教授的观点不妥”，等陶行知说罢，立刻有人起来反对，“先生说要根据学的法子来教，那岂不是本末倒置了么？自古以来就是先生怎么教，学生怎么学，不以‘教’为宗，那‘学’岂不是就误入歧途了吗？”

陶行知早已预料到可能有的反对意见，他回应道：“第一流的教育家应该是‘敢探未发明的新理’之人，‘敢入未开化的边疆’之人！前者就是‘创造精神’，后者就是‘开辟精神’，试问哪一个新世界、新时代不是具备这两种精神的人创造出来的？当今中国遭遇巨变，倘若墨守成规，还僵守老一套，如何能救国济民？”

然而，现实似乎不为陶行知的雄辩有丝毫改变，大多数的同事仍然不能理解陶行知的思想，如此一来他也就拒绝就任教育专修科主任一职。陶行知心中了然，仅仅靠雄辩是不能实现教育改革的，他用这样的办法不过是为了旗帜鲜明地摆出自己的改革立场和决心，更多的工作需要借助机会去推行，在实践中执行。而一个绝好的机会正在到来。

1919年初一个春寒料峭的早晨，友人告诉陶行知杜威到了日本。

“什么？杜威教授去日本做什么？”陶行知又惊又喜。

“听说是去做交换教授。”

“交换教授，交换教授。”陶行知喃喃道，“日本人又先我们一步！无怪乎日本比我们强大，凡事总是抢在我们前面。”不过他随即转念一想，既然杜威到了日本，那么暑假不就可以请他前来吗？即使是过来办几场讲座也可以！杜威以国际大学者的身份，必然可以推动中国的新教育改革，就算没有实质的作用，其舆论作用也不可小觑。

主意既定，陶行知就像一架机器马上转动了起来。他即刻起身去见郭秉文，因为郭秉文正好要去美国考察教育，当下两人商定郭秉文途经日本的时候当面向杜威发出邀请。为了保证促成杜威的中国之行，他还需要找一位更了解杜威，和杜威更熟悉的人“牵线搭桥”，这个人不作第二人想，正是杜威的高徒——胡适。

与胡适一联系，陶行知方知他已经写信邀请杜威了，而杜威也欣然同意。原来杜威不是到日本做交换教授，只是游历顺带演讲。他对陶行知等人的邀请不但欣然应允，而且表示只要双方学校同意，他可以在中国停留一年的时间。这对陶行知来说自然是意外之喜，他当即与胡适联系，建议南北联手促成杜威之行。

最终陶行知与蔡元培、胡适等人以江苏教育会、北京大学、南京高等师范学校等五个文教团体的名义，邀请杜威来华讲学。

4月30日午后，杜威偕夫人爱丽丝、女儿露茜抵达上海，陶行知、胡适、蒋梦麟分别作为南京高师、北大、江苏省教育会的代表前往迎接。师生三人自哥伦比亚分开之后已近两年，昔日围坐杜威家壁炉谈经论道的画面仿佛就在昨天，而今日三人再聚于战事频频的中国，自是别有一番感受与喜悦。

杜威来华后就马不停蹄地“跑”起来，次日在陶行知等人的陪同下参观了《申报》，与经理史量才座谈；再休息一日，5月3日到江苏教育会做了题为《平民主义的教育》的讲座，接下去是浙江教育会的《平民教育的真谛》讲座。然而就在这两场讲座的中间，中国现代史上的一个大事件发生了！

5月4日，北京3000多名爱国学生在天安门集会，高喊着“外争国权，内惩国贼”“取消二十一条”“拒绝合约签字”等口号。原来是学生们得知在法国举行的巴黎和会拒绝中国的合理要求，并且阴谋将德国在山东的权利转交日本，爱国学生义愤填膺，迅速组织起来进行了游行示威，要求拒绝在丧权辱国的和约上签字，惩办卖国贼曹汝霖、陆宗舆、章宗祥。激愤的学生冲进曹宅，并火烧了赵家楼。北洋反动政府对学生运动实行了残酷镇压，驱逐游行队伍，逮捕学生代表。这就是震动全国的“五四运动”。消息很快传遍大江南北，各地爱国人士纷纷站出来声援北京的学生。

5月7日，杜威在浙江教育会演讲，陶行知却没有出席。

南京，鸡鸣山，鸡鸣寺，这里聚集了一大群人，他们是南京各学校来的师生代表，正围在一起讨论什么。

“……学生和警察激烈冲突，据说还有人与警察扭打。”只听一个年轻的学生绘声绘色地讲述着，“警察控制不了局面就抓人，把带头的人抓起来，已经抓了好几十个了！”

“这是什么样的政府啊！”听到这里有人情绪激动起来了，痛心疾首道：“学生们爱国，反倒被抓起来，卖国贼却被保护起来！这真是国耻啊！”

“外争国权，内惩国贼！”不知谁喊了一句，大家便跟着喊起口号来，“外争国权，内惩国贼！”“外争国权，内惩国贼！”

这时，人群后方有人喊“陶先生来了！”，众人让出一条狭窄的通道来，走出来的正是陶行知。他被众人簇拥到庭院中间的台阶上。

“陶先生，听说天津、上海等地的学界已经行动起来了，我们南京方面还请先生主持大局啊！”众人齐声道，“是啊！是啊！请陶先生主持大局，我们南京不能落人之后！”

陶行知扫视众人，看到一张张热切期盼的脸庞都朝向他，心中一股热血上涌，他大声说："诸位，国权必争！国贼必惩！但当务之急，我们需要发动更多的人起来，组成一个团体，形成一股合力，以声援和支持北京，让反动政府早日释放学生！"

"对！形成合力！支持北京！形成合力！支持北京！"众代表于是共同商讨，筹划于9日举行"国耻纪念大会"，动员南京高师与全市其他学校师生行动起来，响应和支持北京学生的爱国运动。

陶行知自然也牵挂着杜威的行程，毕竟杜威来中国是他热切期盼和积极促成的，但他更明白"五四运动"的分量，在这种关键时刻危难关头，他更应该和群众站在一起。

5月9日，"国耻纪念大会"如期在小营演武厅举行，南京各界6000多人参加了大会，陶行知发表了演讲，他慷慨激昂地说："今日为国耻纪念，我们应当痛哭，但是哭并不能解决问题，只愿国人都由此好好想一想，该有什么样的决心，该如何去做，这才可望今后不再有国耻之日，这才可望达到我们作为公民为国家尽力的目的！"

"当前我们应当对政府施加压力，向国际社会发出我们的声音，要求政府停止对爱国运动的镇压，释放逮捕的学生，取消卖国条约，归还我青岛！"

当场有学生咬破手指，血书"还我山东"四个大字于旗帜上。会议结束，大家涌上街头，举行露天演讲和示威游行，高呼口号，散发传单，引起了巨大的反响，唤起了一部分人的觉醒，南京总商会表示要坚决抵制日货，下关扛驳转运公司拒绝装卸日货。

“五四运动”的星星之火，在全中国燃烧了起来！

“五四运动”就像又一记洪亮钟声，使得更多的人觉醒过来，社会运动进入一个新的局面，人民在更广泛的层面争取民主和平等。女性接受高等教育的权力也是争取得内容之一。民国以来大学教育虽然取得了不小的进步，但女子仍然被拒于大学校门之外，逐渐有人开始呼吁大学开放女禁，实现男女同校。北大校长蔡元培在天津青年会的演说《欧战后之教育问题》中就提出了女子高等教育问题，胡适发表文章《大学开女禁的问题》，形成了舆论氛围，很快北大表示次年将招收女学生，只要考试合格，将予以录取。

陶行知毕业的哥伦比亚大学师范学院，正是当年美国首开男女同校之风的美国大学，因此他也受其影响，在南京高师积极推动开放女禁。然而当时江苏教育界对男女同校问题很是反对，南京高师的前任校长江谦和校董张謇就激烈反对男女同校，江苏议员反对最激烈，有的人甚至说男女同校是洪水猛兽，肯定会闹出大乱子。其阻力可想而知！

陶行知做事很懂变通之法，为了减小阻力，他将开放女禁的问题分解为两步，第一步先让女子进校旁听，第二步再创造条件，开放女禁，正式招收女学生。他的这一方案得到了校长郭秉文、同事杨杏佛、教育家黄炎培的赞同，于是陶行知开始在教育部、江苏政府和南京高师之间奔忙起来，他一面向反对者游说，一面到教育部接洽学校招收女生事宜，还要督促学校制定有关女生入学资格的考核标准，修建整饬女生宿舍，培训女职员。

今天男女同校是一件多么正常和理所应当的事情，然而在当时却需要多少“陶行知”们克服种种困难才能实现。

不枉陶行知内外奔忙，次年秋季学期，南京高师正式招收女学生，甚至走在了最早倡议的北京大学前面，这多亏陶行知积极的办事态度和高效的办事效率。南京高师首届共录取女学生28人，人数虽少，但却是开女子高等教育之先河！

1921年9月，东南大学成立。1924年秋，南京高等师范学校并入东南大学。陶行知作为东南大学筹备者之一，担任教育科及教育系主任、教授。

东南大学的成立一波三折，最主要的困难自然是经费问题。教育本是利国利民之事，官员们表面上自然是大力支持，然而一到真要拿出经费来的时候，就推三阻四。因此，筹备大学最头疼之事就是与官僚周旋，索要经费。陶行知为了东南大学筹备不遗余力，“要钱”的事自然是不能避免。

1922年10月，正在开封考察教育的陶行知收到校长郭秉文的信，请他就学校预算的事情向汤尔和（教育总长）、罗文干（财政总长）、王宠惠（国务总理）、顾维钧等政府内阁大员接洽，其实就是去向政府“要钱”。陶行知深知此事的棘手，于是在行动之前先细致周全地谋划了一遍，对要见的人的性情、彼此关系作了分析，对见面的先后顺序也做了安排。

经过他一番分析，归纳出了此事的三个困难之处：一是汤尔和肯不肯提出东南大学预算的议案；二是与汤尔和不和睦的王宠惠、罗文干反对提案；三是提案中有请教育部从关税中抽钱，拨为教育经费的条款，这涉及外国债主的利益，恐怕会遭外国方面的反对，更使得政府官员望而生畏。

不过困难往往也孕育着机会，矛盾中隐藏着解决问题的突破口。陶行知敏锐地发现了其中的突破口，第三个困难恰恰可以拿来克服第一个困难，因为关税本来是用于归还外债的，如果要挪为他用，外国债主自然不会答应。但是如果是以教育用款的名义，则很有可能获得通过。这样就克服了第一个困难。至于第二个困难。至于陶行知想一方面自己登门拜访罗文干这个管国家“钱袋子”的财政总长，另一方面再托顾维钧去向罗文干游说。

可见，陶行知为了筹措东南大学的教育经费，尽心竭力。然而，“尽人力”未必可达成“天命”，政府官僚的腐朽非一日之寒，从陶行知与罗文干的见面我们就可以窥得一二。

陶行知晚上来到罗宅，罗文干还没回家，但已经来了两个访客，又听说罗文干当晚还有两三个饭局，便暗想时间这么紧恐怕不好谈了。一刻钟之后，罗文干回来了，果见他面露焦躁。轮到陶行知谈话了，他刚进门，罗文干就急急忙忙问他：“东南大学在哪里？”

陶行知没想到东南大学都已经成立一年了，财政总长竟然不知道它在哪里，心中不免不悦，简单地吐出三个字：“在南京。”

罗文干又问：“是中央政府设立的呢，还是江苏设立的？”

陶行知又是三个字：“国立的。”

“经费是由中央直接发的呢，还是江苏拨过去的？”

陶行知已明了财政总长对东南大学几乎是一无所知，知道不能和他急，于是耐心解释道：“经费是由江苏、浙江、安徽、江西四省分担的，但现在只有江苏一省出过钱，其余三省，还没有出钱。”

“那三省恐怕没有承认吧？”

“照阁议通过的决案，三省是应当承认的。”陶行知一句话未说完，见罗文干又要插上来问，心想到现在还没机会说来的目的，若是不抓紧时间恐怕就被他几句话打发走了，于是抢先说道：“我来此拜访的宗旨就是今年阁议通过的54万当中，只有江苏的18万靠得住，其余的36万应由中央另筹款。筹到款以前，希望教育部、财政部令四省照阁议通过的数目分别担任。此事已由敝校呈请教育部办理。教育部咨文到时，还请先生极力赞助，速令四省财政厅切实筹措应该担任的款项。”

罗文干道：“如果教育部咨文来到，我当查核原案，酌定办法。只是各省有各省的预算，未经他们承认，怕不容易催促。”

陶行知听出罗文干有“踢皮球”的意思，急道：“预算是行政的主要工具，各省应有预算，国家也应有预算。现在各省虽有预算，但没有被中央军费所破坏亏空的究竟有几省？中央在各省滥支军费，并未曾得省民的承认，为什么独于教育经费就得要各省的承认？国家经费在各省开支应当依照各省的财力，这是此时最切要的问题。如果中央有减各省军队军费的决心，各省对于教育经费的接济是最容易办到的。现在东南大学的学生以四省为最多，子弟是四省，而独要江苏担负费用，有失公平。现在江苏已不肯独任并且无力独任。我们是让学校关门，还是逼令此四省担负相当的责任呢？”

陶行知一气讲了这么多，还怕不够，又补充道：“东南大学被前不久到中国来的美国教育家称作‘中国政府设立的第一个有希望的学校’！”

但罗文干似乎不为所动，陶行知急要他表态：“先生看这样的情形，我们怎忍看它关门？”

谁知罗文干不痛不痒地来了一句：“好，等教育部来文时，我再设法。”

陶行知的一腔热血，却似一盆炭火被冰水浇了个遍。不过，不管经过怎样，陶行知的工作最终都发挥了作用。不到十天，教育总长汤尔和就下发了教育训令，决定由江苏省分担年度经费的三分之二，其余三分之一由赣、皖、浙三省分担。

陶行知在任职东南大学期间，还有另外一个身份，那就是中华教育改进社的主任干事。中华教育改进社于1921年底成立，由实际教育调查社、新教育共进社和新教育编辑社三家社会团体合并而成，以“教育的科学研究”与“科学教育的改善”为口号，“调查教育实况，研究教育学术，力谋教育改进”。

身兼改进社的主力干将与东南大学教育系主任两职，陶行知在北京和南京之间奔忙，终日碌碌，身心操劳。改进社的工作在全国范围内展开，加之陶行知与朱其慧、晏阳初等人正全力推动“平民教育”，陶行知的工作重心渐渐倾向改进社，最终因为难以兼顾，不得不辞去东南大学教职，全身心投入改进社的工作。

那时的所谓“平民教育”，可以简单地理解为“扫除文盲”，但扫盲的背后有着深刻的社会意义和爱国思想。支持平民教育的人大多认为，中国腐败落后的原因是教育落后，要拯救中国就必须首先改良和革新教育，而改良教育的方向就是使全体人民都受到民主与科学的熏陶，尤其要让目不识丁的普通百姓受到教育。陶行知、朱其慧、晏阳初、陈鹤琴都是“平民教育运动”的主要参与者与推动者，他们发起组成了南京平民教育促进会，而后又扩大成立中华平民教育促进会总会，并在全国办平民学校、平民读书处和平民问字处，还编印《平民千字课》等平民学校读本。

陶行知当时胸怀一个巨大宏伟的计划：要在10年之内，给两千万人扫盲！他秉着实干家的精神，为这个宏伟的目标做了详尽的计划：一年一百万学生。二年三百万。三年五百万。四年七百万。五年九百万。六年一千一百万。七年一千三百万。八年一千五百万。九年一千七百万。十年一千九百万。他对扫盲人数的城乡比例也做了预计：第一年定90%在城市，10%在乡间。二年定82%在城市，18%在乡间。三年定50%在城市，50%在乡间。四年定30%在城市，70%在乡间。五年定100%在乡间。

陶行知从来都具有实干精神，他不是将计划停留在纸面上的数字，而是为平民教育奔走宣传，无论是在演讲台上、大厅上、衙门里，还是在客厅里、商店里、学堂里，甚至在饭店里、旅馆里、马路上，他都抓住所有能够抓住的机会宣传和实践他的平民教育。

有一天，陶行知在南京小乐意饭馆吃饭，他对同行的人说："我们到这里，平民教育也应该到这里。"于是拿出一本课本来，请闲暇的厨子长来试读，没想到厨子长识得不少字，读得很好。陶行知就问他厨房里有几个人识字，几个人不识字。厨子长告诉他三个人识字，十多人不识字。"那麻烦你去问问你的同事，他们可有人愿意跟着你学习认字，有几个人愿意。"厨子长去了二十多分钟，陶行知他们饭也差不多吃好了，厨子长说有三个人愿意识字，于是陶行知给他三本平民教育课本，请厨子长做先生教他们认字。

半个月后陶行知坐船去安庆，船走得很慢，他想何不利用这个时间推广平民教育呢？于是找到一个会识字的茶房，发给他课本，请他教茶房里不识字但是想识字的人。

陶行知就像一团火热的熔岩，他流到哪个角落，就把平民教育的火种传播到那个角落。有时候为了推行平民教育，陶行知甚至会使出一些看起来很"可笑"的办法，逼那些不认识字的文盲学习认字。

安徽教育厅里共有21个妇女听差，不识字的多达15个，其中又有6个不愿学。陶行知得知这个情况，心想：教育厅里的办事人员都不认识字，都不愿意学习识字，平民教育岂不是连眼皮底下都没有普及到吗？那还谈什么全中国的教育普及！他立即请厅长彤侯想办法。没想到彤侯竟然想出一个“强迫法”，他对那些妇女说，如果不愿意读书认字，就不得留在厅里做事，吓得那6个妇女赶紧跑去找陶行知要求读书了。

平民教育推广不像正规教育，会遇到很多复杂的情况，这就需要机智与变通。有一回，南昌监察厅厅长邀请陶行知到监狱里演说，监狱里关着400多名犯人，不识字的超过一半。陶行知并没有因为他们是犯人，就歧视他们，剥夺他们受教育的机会。他请监狱长在狱中设立“平民读书处”，监狱长表示为难，担心犯人聚集在一起会闹事。陶行知脑筋一转，立马想出一个巧妙的法子，监狱长心中的疑虑马上就打消了，监狱里的“平民读书”活动顺利开展起来了。原来陶行知的巧计就是，将识字的犯人分散到各个牢房里去，让每间牢房都有一两名识字的犯人，这样就可以教其他不识字的犯人识字，又不会有聚众闹事的危险了。

除了机智，抓住识字对象的需求，循循善诱也是很重要的。安庆有个栖霞寺，陶行知有一次在那里看见一个大和尚在看《封神榜》，就走过去与他攀谈，得知他的法名叫慧空，问他：“你的徒弟都能识字吗？”

慧空答道：“有六个不会识字。”

陶行知“哦”了一句，然后徐徐道：“和尚要修行成佛，不会念经，可以吗？”

“不可以。”

“那要念经念得好，不会读书可以吗？”

“当然不行。”

“不识字就不会念经，不会念经就不能修行，不能修行就不能成佛，就到不了西天。大和尚何不去超度他们？”

“那我如何超度呢？”

“只需教他们识字便可。”陶行知笑眯眯地答道。

“可这如何教起呢？”慧空问道。

“不愁，不愁。我这里有《平民千字课》六册，你拿去给徒弟每人一册，照本教授，不出数月，他们就会识字，那时便能自己念经修行了。”陶行知又道，“如果你能把庙里所有的和尚、俗工教得个个识字读书，考试及格，我就给你发一张平民教师的证书。”

慧空欣然接受。

陶行知就是这样，不光有宏伟的计划，还身体力行，做到了“脚迹所到的地方，就是平民教育到的地方”。同时，他还发动有志或是有兴趣从事平民教育的人也这么做。

有一回陶行知与胡适同游，谈起平民教育，就问胡适：“你家里可以办平民读书处吗？”胡适说能。陶行知又问：“谁教咧？”胡适说：“我的车夫可以教。”陶行知不几日就给胡适的夫人江冬秀寄去《平民千字课》六本，并写信嘱托请车夫做教员，教佣人识字，并说胡适的儿子“祖儿也可以教几课咧”。

还有一次，陶行知到蒋梦麟的家里，蒋梦麟当时担任北京大学的代理校长。陶行知劝蒋梦麟也像胡适家一样设立一个平民读书处，这位北大校长面露难色，因为自己平时工作太忙，无暇顾及。陶行知见状便用话激他：“中国最高学府——北京大学代理校长家里可以容得下不识字的人吗？”

蒋梦麟听了，只得照办，叫来了他的世兄蒋仁裕和门房李先生来，请陶行知教他们教学之法，再由他们去教不识字的老妈子、车夫等人。陶行知当场就教了一遍，蒋梦麟不无感慨地对陶行知道：“你很有传教的精神。”

陶行知平民教育十年计划的路线是由城市到乡村，即先发展城市的平民教育，再发展乡村平民教育。不过城市的平民教育发展迅猛，大大出乎了陶行知的预料。就在陶行知准备大力开展乡村平民教育的时候，时局再次发生了变化。

1926年初，军阀混战导致帝国主义列强乘隙而入，日本更是虎视眈眈地派军舰进逼大沽口，甚至提出撤除大沽口防务的无理要求，向段祺瑞政府发出了最后通牒。段祺瑞一旦答应撤销防务，就无疑是将国门向狼子野心的日本帝国主义敞开。3月18日爱国学生及群众万余人集会天安门前，要求“驳牒”、“逐使”。然而在游行请愿的时候，游行队伍遭到段祺瑞卫队的屠杀，死四十余人，伤百余人，是为“三一八惨案”。

段祺瑞政府一手制造了惨案，却在惨案之后反诬学生群众为暴徒，罗织“借共产学说，啸聚群众，屡肇事端，本日发谬妄传单，率徒袭院，泼火油、抛炸弹，手枪木棍丛击军警”等罪名，通缉李大钊等进步人士，又传出要通缉蒋梦麟、鲁迅、周作人等人的消息。4月24日夜，京报社长邵飘萍被捕，26日一早就惨遭枪杀。国内知识界、文化界、教育界蒙上了恐怖的阴云。

陶行知是教育界的领军人物，平时对政府也多有批评，“三一八惨案”之后，他义愤填膺地发表《哀辞》，悼念惨案中死去的爱国志士，痛指政府“杀人如虎”，呼吁全国人民对“民蠡国贼”要“相期共锄”。面对这样的局势，陶行知心中不免惴惴：国家乱成这样，教育事业更是万难啊！

此时，陶行知的“大本营”中华教育改进社也因为经济拮据而陷入困境，用陶行知的话来说就是到了“山穷水尽”的地步了！

不过真正能成大事者，越是在困顿之际，越能激发心中的信念和身躯中的能量。陶行知并没有因此而退缩，这样的困境使他看到了另外一条路，那是一条广阔而光明的道路，但可能更加坎坷，更加难走！不过陶行知毅然走了上去，他发出了这样的豪壮呼声：

我们应当在山穷水尽的时候，找出一条生路来！本社之所以山穷水尽，是因为中国教育已到山穷水尽了。我们倘不能为中国教育找出生路，决不能为本社找出生路。所以我们要拼命地为中国教育找生路，即所以为本社找生路。前在京中所谈的几件事，倘能用全副精神干下去，必是长生之道。不但是本社长生之道，也就是中国教育长生之道，也就是中华民国长生之道。

我和叔愚所担任的乡村教育运动，现正在杀机四伏中努力进行。我们已经看见光明，前途有无穷的希望，我们已经下了决心：要提倡一百万所学校，去改造一百万个乡村，使个个乡村都得着充分的新生命，合起来造成中华民国的伟大的新生命。……人生为一大事来，做一大事去。我们就在改进社旗帜之下各人干他一件，也是人生极快乐的事情。

山穷水尽！好一个山穷水尽！这是天帝给我们另找生路的惟一机会。我们应当欢欢喜喜地接受这个机会，共同为本社找条生路，为中国教育找条生路，为中华民国找条生路！

三、到乡村生活中去

出南京城神策门有一座桥叫迈皋桥，这里有一座小山丘，当地人称作“老山”。这山头不高，长满了荒草。此时正是初冬时节，薄薄的晨雾还笼罩在山头上。荒郊野外，云雾缭绕，不想竟从这晨雾里走来两个人，一个稍高一点，胖一点，另一个稍矮一点，瘦一点。两人亦步亦趋，徐徐踱上山来，边走边说着话：

“叔愚啊，省教育厅已经复函了！”

“这么快！没有问题了吧？”

“已经通过，没有问题了！”

“知行知行（当时陶行知还叫“陶知行”，还没有改叫“陶行知”），你可真行啊！能答复这么快，离不开你前面工作做得好啊！这样一来，我们的乡村师范学校就指日可待了！”

“是啊！哈哈……”

“哈哈……”

两人爽朗的笑声，惊得几只不知名的鸟儿从草丛中飞起来。随即四周又归于清晨的宁静。

谈话的两人正是陶行知与赵叔愚，可他们在这时候来到这荒郊野外做什么呢？陶行知边走边向四处张望着，打量着，仿佛是农场主走在自己的农场里。赵叔愚却像在思量着什么，忽然他开口问道："那……"

不等他问出口，陶行知就抢过话头："你是担心钱的事吧？"

赵叔愚随即笑而不语，等着陶行知自问自答。

"省教育厅允诺赞助一部分，但国府的钱你是知道的，拿得到还好，拿不到就是空头支票一张。"

赵叔愚眉头不由地一皱，陶行知见状继续道："不过不要担心，我上月在北京、南京等地会见了不少朋友，已经落实了几笔钱，加上母亲大人做寿的寿礼，这首要的一笔钱，买地的钱——"说到这里，陶行知停下了脚步，抬起右手由右侧向胸前一挥，仿佛要一把将这山丘荒莽揽入怀中，接着说道："是不缺了！"

说罢，两人又会心地笑起来。说说笑笑，两人已经走到了山头上。

"叔愚你看，这就是我们未来的学校！"陶行知伸手向前方指去，仿佛他可以点出一道金光，驱散晨雾一般。赵叔愚顺着陶行知的手极目向远方看去，只见几座荒山彼此相连，在冬雾里显得更加荒凉。山间散布着一些田地，杂草丛生，不像有人耕种的样子。

然而，尽管是这样一幅荒凉的景象，在两人眼里看来，却仿佛伊甸园一样美妙动人。两人站在山头上眺望着，规划着，这里建宿舍，那里建课室，东边的田地做农业试验园，西边的荒山种果树。两人越说兴致越高，不觉晨雾已经散去。

“还有一桩事情，这山叫‘老山’，暮气太重，地叫‘小庄’，缺乏寓意，这‘一老一小’，名字恐怕改一改得好。”赵叔愚道。

陶行知点点头，陷入了沉思。不一会儿，他便眉头一展，道:“不如把‘老山’改成‘劳山’，‘劳力上劳心’的‘劳’，把‘小庄’改成‘晓庄’，‘破晓’的‘晓’。”

赵叔愚听完，即刻会意，拍手称妙:“那么我们未来的师范学校就可以叫‘晓庄师范’。”

“晓庄师范，晓庄师范……”陶行知温情地重复着这个名字，仿佛是在叫喊自己乳儿的名字。

晓庄师范，正是陶行知进行乡村教育运动的一部分，正是他为中国教育找到的一条生路。在中华教育改进社举步维艰，城市教育难以为继之时，陶行知将注意力从城市转向了乡村，从全国的“面”转移到晓庄师范这个“点”上，想要实实在在做出一个示范性的乡村学校，按照自己的理念造就一批师范人才，将教育的火种撒向全国去。陶行知心里从来都没有忽视过乡村，他非常清楚中国是一个农业大国，广大农村人口教育水平的提高是全国教育水平提高的关键。同时，他对乡村人民抱以深深的挚爱，告诫所谓的城里人，乡下人是他们的衣食父

母。他在1927年的元旦写了一篇文章《我们应当向谁拜年》:

我们充饥的油盐菜米面是从哪里来的?我们御寒的棉花丝绸是从哪里来的?我们安居的房屋所用的木石砖瓦是从哪里来的?都是从乡下来的,都是乡下人的血汗换来的。……我们今天不应该下乡拜年,下乡送礼,下乡报恩吗?我们今年不应当为乡下同胞做点事吗?我们今生不应当花点钱,尽点心,用点力,为乡下同胞减少些痛苦,增加些幸福吗?

晓庄师范,不正是陶行知献给乡下同胞的“礼”,为乡下同胞做的一点事么?

陶行知起初的构想是创立一个乡村幼稚园,他觉得“小孩子从能走路、能说话的时候起到进小学为止是最可爱、最需要教导的时期。爱护幼儿的人创设幼稚园,就是要培养四五岁的小孩子,使他们的生活可以丰富。”但陶行知的规划越来越大,扩展成为要“把中国全国乡村教育运动一齐都要立他一个基础”。在陶母六十大寿之际,陶行知更是发宏愿,要在今后的一年里“务求不虚度一日;一日之中,务求不虚度一时”,要把“这一年的生活,完全的献给国家,作为我父母送给国家的寿面,使得国家与我父母都是一样的长生不老”,“于中国教育上做一件不可磨灭的事业”。他所谓的“事业”指的就是创办乡村师范——晓庄师范。

为了筹集晓庄师范学校的资金，他甚至打起了母亲庆生的“主意”。以前陶母从不公开祝寿，一怕乐极生悲，念及陶父，二怕大摆筵席，杀生太多。但这次为了筹集资金，陶行知托妹妹向母亲请求破例，为的是以寿礼的方式，募集乡村教育的资金。

这一举动，不免让人想起他在哥伦比亚大学求学期间，为了增加申请奖学金的优势，而撰写了《中国运入美国物产大宗之研究》一事。从这一点上来说，陶行知是一个实用的人，他懂得调动身边的资源来做成一件事情。但陶行知更加出众，或者说他最可敬佩之处在于，他在以国家利益为重的同时，能很好地将个人与国家结合起来，将一件个人的、寻常的事情，转变成一件利国利民的、有意义的事情。

1927年2月5日，立春。经过紧锣密鼓的筹备，晓庄师范终于迎来了奠基的日子！

前来参加奠基典礼的有500多人，虽然大家都还站在一片荒芜的土地上，但美好的愿景已经在陶行知的推动下，垫下了第一块石，打下了第一根桩。每个人都被陶行知和他的团队所具有的信念，所作出的努力深深感染。典礼上大家纷纷发表即兴演说，表达祝贺之情，寄予深厚希望。陶行知也发表了奠基演说，并正式宣布将“老山”改为“劳山”，“小庄”改为“晓庄”。

陶行知又乘此良机实践了他在《我们应当向谁拜年》里提出的主张，号召参加典礼的城里宾客向乡下同胞拜年。城里来的宾客们也积极响应，将带来的数百件玩具分送给乡下的孩子们，孩子们好不欢喜！

既然创办学校，自然需要师资，需要生源。晓庄师范在当时是一所实验性质的学校，是很“特别”的学校，自然也就需要“特别”一点的老师和“特别”一点的学生。

教师方面，陶行知一方面邀请他的教育界好友、同学参与其中，另一方面利用自己出席的各种活动，在演讲中、会议上，以及发表的文章里，大力宣扬乡村教育运动和晓庄师范，吸引志同道合者。有时候为了请到一位好老师，陶行知不免尽心竭虑，甚至“耍起赖皮”。比如晓庄师范要聘请自然科学指导员一名，陶行知“相中”了北京师范大学附属小学教师吕镜楼，于是向吕发出了邀请，接到吕镜楼同意前来的信后，陶行知在回信中这样写道：

承兄不弃，慨然屈就，弟等谨为全国农家子弟鞠一万个躬，表示一万分的欢迎。前因久不得复示，已决定北上前来亲自劝驾，一次不允，继以二次，二次不允，继以三次、四次、五次，甚至十次、百次，必得吾兄许可而后止。

简直恨不得要将吕镜楼绑到晓庄来了！

当然也有闻讯而起，慕名前来的人。陶行知在1927年元旦后不久，收到了清华大学二年级学生操震球的一封信。原来操震球早年在安徽时曾听过陶行知的演讲，很受影响和鼓舞。后来他就读于全国著名的高等学府清华大学，但所学科目却与自己的志向不符，让他兴趣全无。一次偶然的机会，他看到了陶行知发表在《新教育评论》上的关于设立乡村师范的文章，“不禁推案乍起，喜跃如狂”，“恨不得肩生两翅”，飞来晓庄。

接到操震球的信，陶行知自然是深为感动，大受鼓舞，欣然回信道：

> 您在清华学校好比是天上的天使，皇宫里的王爷，现在要发宏愿，放弃养尊处优，回到人间，过我们茅草屋的生活……简直要叫我们五体投地的钦佩。

这段话是陶行知写给操震球的，但他自己不也正是“发宏愿，放弃养尊处优，回到人间”，过茅草屋生活的人吗？他本可安守南京高师、东南大学的三尺讲坛，做他的教授、主任，甚至也可以凭借在改进社的资历和人脉，在政府里谋得一官半职，过官老爷的安逸生活，这样既有名誉，又不缺钱财，更可以与家人安享生活，无需四处奔波，到乡下受那份苦！

然而，这条路是陶行知自愿选择的一条路，他主动放弃了安稳的教授生活，安逸的官老爷生活，放弃了为家人创造优越生活环境的种种条件，自愿来到这农村，为着那些与他“不相干”的人的教育，奔走操劳。只有一个胸怀国家、胸怀苍生的人，只有一个有着远大理想和坚定信念的人，并且有勇气与毅力为着这理想、这信念去实际行动的人，才能做出这样无私奉献的事业来！

陶行知还在给操震球的信里这样写道：

> 您既有这种宏愿，我就应当把个中的甘苦明明白白地告诉了您，还望您慎重考虑一番，再行决定。田家生活是要蛮干的，您愿意吗？您能打赤脚在烂污泥里奔走吗？您不怕把雪白的脸晒得漆黑吗？您不怕软手上起硬皮吗？您不怕在风霜雨雪中做工吗？您不怕挑粪吗？您愿意和马牛羊鸡狗猪做朋友吗？

在这里，陶行知把乡村生活的种种“苦处”明明白白地告诉这位热血青年，这表现了他的真诚，他不是想尽办法要将人忽悠到乡村里来，而是先把困难摆出来给人看清楚。这也是对有意者诚心和毅力的一种考验，告诉他们这不是儿戏，不是城里人到乡村里的观光和体验，而是要实实在在扎根到乡村，做一个乡村人。

老师方面既有着落，自然要考虑学生的问题。从1927年的元月10日，陶行知就以“中华教育改进会设立的试验乡村师范学校”的名义，在各报刊登载了招生广告。前面已经说过，这“特别”的学校自然是需要“特别”的学生，这在招生广告的“投考资格”里得到了淋漓尽致的体现：

初中高中大学末一年半程度学生，有农事或土木工之经验；及在职教师有相当程度；并愿与农民共甘苦，有志增进农民生产力，发展农民自治力者，皆得投考。倘有志兴办乡村小学者，为预储师资起见，选择合格学生，保送来校投考，尤所欢迎。少爷、小姐、小名士、书呆子、文凭迷最好不来。

最后，开学的日期不叫“开学日期”，而叫“开学及开工期”，足见这所学校之新奇与独特了！

就在晓庄师范差不多一切准备就绪，将要开学的时候，时局又一次发生了变化——以蒋介石为总司令的国民革命军进行北伐战争，就要兵临南京了。大战在即，南京城内城外一派肃杀，人人自危。

于是有人建议陶行知推迟开学，陶行知一开始也非常担心战事会影响报考学生的到来，可是他思维一转：何不将战火作为考生的第一道考题？虽然这一举动看来不合常情，但陶行知有他更长远的考虑：当今中国列强横行，军阀混战，战火一时半会儿不可能从神州大地消失，倘若要致力于乡村教育，就始终免不了冒着战火硝烟前进；倘若不能亲历硝烟战火，又如何能体会教育救国任务之紧迫与重大？

主意既定，陶行知在《乡教丛讯》上发布公告：

本校誓与村民共休戚。村民既须在枪林弹雨之下耕种，吾校断不因时局不靖而辍学，故投考开课均照公布之日期办理，决不变更。

尽管在开学日期上陶行知表现出钢铁般的意志，但这钢铁般意志的另一面又是亲切的关怀和周到的安排。由于晓庄师范还是荒地一块，师生暂时住在燕子矶小学。陶行知又向考生细致嘱咐了来晓庄的路线和方式：

诸位往燕子矶去：（甲）由下关去的——可在下关雇黄包车，直往燕子矶小学，相距十五里，随身可带行李，车价每辆共约小洋五六角。此路太狭小了，夜行不便车行，你们要走这条路，当在白天的时候。（乙）由南京城内去的可由神策门去——由神策门至燕子矶相距约十二里，黄包车亦可通行。

另外他还公告了欢迎会的消息：

听说燕子矶小学的小朋友要在三月十日的晚上，开个欢迎会，欢迎诸位咧。盼望诸位备答词，并参加献技以为同乐。

尚未就学于晓庄师范，千里之外就已经感受到陶行知的魄力与魅力了！

不过陶行知还是做好了心理准备，他预计这样的局势下能来三五个学生就已经不容易了，结果却出乎他的意料，自北京、湖北、安徽、江西、浙江、上海、苏州、镇江等地来了十三个人！更有二十多人因为各种原因不能及时赶到，均写信或带口信给学校，要求补考入学！

晓庄师范总算在万难中迎来了她的第一批投考者，尽管大家是从全国各地冒着战火奔赴而来，但是入学考试仍然严格按照计划进行。1927年3月11日，晓庄师范如期开考。

入学考试也非常独特，共有两天，第一天是知识考试，第二天是劳动考试。知识考试分为笔试和口试，包括国文写作、常识测试、智慧测试、演说与辩论等内容。

国文写作的题目是：1、孟子说，“劳心者治人，劳力者治于人”，这句话对吗？2、有人说我们办试验乡村师范是行许行之道，对吗？为了避免考卷被军阀政府找茬儿，考卷批阅之后都藏进了地窖里。

考试方式非常公平。考试的题目涉及社会、自然、家庭、时事、教育、乡村生活等，共有20个题目。所有的题目都依次标上号，抄写在一张大纸上张贴出来。再制作20个小竹牌，每块牌子上对应一道题的序号，然后装进布袋里。轮到考生应考时，就从布袋里随机摸出一块牌子，与编号对照取得相应题目。考生拿到题目先准备5分钟，再上台即席演讲5分钟。旁边有专门计时、按铃和打分的老师，台下还有其他师生以及附近的农民旁听。

劳动考试应该说是晓庄师范的特色科目。一天的考试分为上午3个小时的垦荒与下午3个小时的修路，劳动强度还是很大的。垦荒考试是在荒山上，考生们集合到山上，陶行知已经在那里等候着他们，他笑容满面地说："你们诸位下乡了，以后要和农民做朋友，为中国三万万四千万农民服务，要改造中国乡村，替中华民国创造一个新生命。今天就要举行一个特别考试，看看是否能吃苦。"说罢他一指身后的荒地，只见那里已经事先用白粉线画好了一个个方块，他又说："那就是你们的考卷。"

然后每个考生发一把锄头，这是从农民家里借来的。号笛一响，考生拿着锄头冲向自己的"考卷"，抡起锄头掘起地开起荒来。有的考生把草鞋穿在鞋子外面，免得把脚割破，但是泥土一翻起来，地面就变得湿软，草鞋和鞋子都直陷进泥土里去，拔都拔不出来。于是有的人索性把草鞋和鞋子都脱了，打起赤脚来。不一会儿，考生们就被"考"得满头大汗，很多人手上脚上都起了水泡。

陶行知在荒地上来回地走着，就像巡视考场的老师。看到考生们虽然经受这样严酷的考验，但都努力地干着坚持着，他开心地说："今天的考试，是破天荒第一次，你们的成绩，足足够一百分！"说罢，自己也拿起锄头，在地上掘起泥土来。

经过这样严格而又别开生面的考试，13名考生全部被录取了。

3月15日，晓庄师范迎来了开学的日子，开学典礼是简单而隆重的！清晨，太阳从劳山背后升起，照耀着对面的紫金山，放出金黄的光芒。师生们脚穿草鞋，手拿绳索，肩扛着帐篷，从燕子矶出发来到晓庄。大家也顾不上休息，七手八脚地搭起帐篷，又锯木下桩，搭起一座高台，向附近的村民借来一张八仙桌，几根长条凳，会场就布置起来了。

村民们三三五五地向晓庄走来，有拖鼻涕的小孩，有梳小发结的老太婆，有拄拐杖的老头儿，也有充满青春活力的青年男女，他们有的是被邀请来的，有的是来看热闹的，成群结队，熙熙攘攘，仿佛赶集一般！城里也来了不少嘉宾，陈鹤琴、江恒源、姚文采等先生出席了典礼。

时间一到，鞭炮齐响，声震山野，校旗缓缓升起。这是一方怎样的校旗呢？晓庄师范校旗的中心有一个小圆圈，圈外有个等边三角形，三角形外有一个大圆圈放射光芒，如同太阳。四周有一百个金色星布满旗帜，代表一百万个学校，寓意改造一百万个乡村，使每个乡村都得到光，合起来造成中国的伟大的光。

升旗仪式结束，陶行知作为校长登台发表了演讲。他用浓重的徽州口音讲道：

本校特异于平常的学校有两点：一无校舍，二无教员。大凡一个学校创立，总要有房屋才能开课。我们在这空旷的山麓行开学礼，实在是罕见的。要知道我们的校舍上面盖的是青天，下面踏的是大地，我们的精神一样的要充溢于天地间。所造的草屋，不过避风躲雨之所。本校只有指导员而无教师，我们相信没有专能教的老师，只有经验稍深或学识稍好的指导。所以农夫、村妇、渔人、樵夫都可以做我们的指导员，因为我们很不及他们之处。我们认清了这两点，才能在广漠的乡村教育的路上前进。

陶行知的思想是崭新的，他的语气是肯定的，听起来就让人知道他不仅仅是在讲一种新知，而是在实行一种新的教育。大家既感到新奇震撼，又深受这位有魄力的校长的鼓舞。陶行知继续说：

今天到会的农友很多，他们是我们的朋友，以后我们要他们帮助的地方很多，我们需要和大家做亲密的朋友，向他们好好学习。你们不要以为乡下人无知识，一般大学生念过不少自然科学的书，到了乡下便不认识麦子，说韭菜何其多也！你们看，乡下人不比我们认得的东西多么？

乡亲们听到校长这样讲他们，感到既害羞又高兴，听完校长的演说，纷纷鼓起掌来。接着是赵叔愚院长、来宾及指导员分别发言，学生代表致答词，之后是几个中心小学的学生表演节目，武术指导员表演武术，最后全体同唱陶行知作词的《尽力中华歌》：

听我们同唱中华，中华，中华！
听，君不闻亚东四万万声的中华，中华！
都同气同声的同调同歌中华，中华！
来，三呼万岁中华，中华，中华！
听，君不闻亚东四万万声的中华，中华！
都同气同声的同调同歌中华，中华！
看我们唤醒中华，中华，中华！
看，君不闻亚东四万万声的中华，中华！
同种同胞同志同心的中华，中华！
来，发愤尽力中华，中华，中华！
看，君不闻亚东四万万声的中华，中华！
都振起精神来振兴中华，中华！
同心尽力中华！

开学典礼结束，宾客就席。尽管只有青菜豆腐，大伙儿依然吃得兴高采烈。

晓庄师范开学第一要紧的事情，不是上课，而是造校舍！

因为此时的晓庄师范还只有那一面校旗呢！正如招考广告上写着的，“开学及开工期”，开学即开工！陶行知把城里的职务都辞了，搬到乡下来与师生们一起住，身先士卒带领大家建设学校，他为勉励大家，写了一首《自立歌》：

滴自己的汗，
吃自己的饭。
自己的事，
自己干；
靠人，靠天，靠祖上，
不算是好汉！

在校舍没有建起来之前，大家或是住帐篷，或是在老百姓家借住。陶行知也住过帐篷，借住过老乡家。有一次他住在一位姓陆的老头家，因为这家房舍又少又简陋，与陶行知睡一个房间，“同榻而眠”的竟然是一条大水牛！陶行知却一点不觉得有什么不好，反而亲切地称自己的“邻居”为“牛大哥”。他就是这样吃苦耐劳，与乡村打成一片。

凭着师生一起努力建设，晓庄师范一座座校舍拔地而起，住房、课室、厨房、厕所、浴室，后来还建起了图书馆和礼堂！师生们还给这些校舍取上风趣幽默而又有寓意的名字，比如厨房叫“食力厅”，厕所叫“黄金世界”，礼堂叫“犁宫”，而图书馆则由陶行知命名为“书呆子莫来馆”。没过多久，晓庄师范开始招收女学员，大家又动手建造了女生宿舍，后来真的有两位女生被录取了。在考试的时候，陶行知给她们“加试”了一道特别的题——“愿意不愿意倒马桶”。

晓庄正是这样在师生同心协力、自力更生的情况下，从荒野上建立起来的!

晓庄师范的日常学习与生活，用陶行知的话来讲就是，“我们的实际生活，就是我们全部的课程；我们的课程，就是我们的实际生活”。晓庄师范每一天的生活学习是从“寅会”开始的。师生每天早晨5点集合召开寅会，由师生轮流主持，内容是各种报告和讨论，安排布置当天的学习和工作。后来陶行知借用南京和平门外北固乡一带的栽秧山歌调，填上词，作成了校歌《锄头舞歌》，在寅会开始前就先齐唱校歌。

会后是早操，内容是武术或者军事训练。然后是早餐时间，主食是粥，咸菜下饭，菜很粗，每桌三大碗。不管是老师学生，还是工友校长，大家都围着桌子站着吃饭，就连后来陶行知年迈的母亲到晓庄来住，也一样站着吃饭。

上午是读书学习的时间。一部分是学校指定要阅读和学习的书籍，另有一部分随个人的兴趣爱好选择。下午是劳动工作的时间。主要的工作有田间劳动、制造简单的仪器、校外社会活动等。晚上则是平民夜校活动和做笔记、写日记等等。

在每周六下午或晚上还有“周会”，周会除了总结一周的工作生活，安排下一周的事务，更重要的，是它还是一次学术辩论会。议题的收集自有一套办法，陶行知准备了一本精致的簿子，封面上贴了一条泥金的标签，上书“人生问题”四个字，放在学校办公室前门的桌上，任何人有任何问题，都可以写在簿子上，以供周会讨论。就读晓庄的学生都不是等闲之辈，他们有的人做过教育局局长、科长，有的人做过督学、校长、教导主任或者教师，因而有着丰富的生活经历和实践经验。在周会这样的学术讨论会上，大家辩论起来很容易深入问题内部，并且视野很广，角度各异，更能旁征博引，引经据典，因此论辩起来唇枪舌剑，你来我往，意见和看法能够得到充分的切磋交流。而这样的辩论会，对主持者的要求是很高的，陶行知主持周会的时候，往往能凭借自己的渊博学识，理性冷静，引导大家从纷争中得出有益的认识与见解，真正做到了经验的分享，思想的交锋，智慧的相长。

除了学校里的师生相互交流，陶行知还要求大家要接近当地的村民，与他们打成一片。他鼓励晓庄的师生向当地村民学习，请农民来传授种植经验，请工匠来传授做工的技术；另一方面他提出一个“会朋友去”的活动，不论师生都要到附近的村庄里去了解和帮助村民的困难，而且每个人要找一两位农民做最亲密的朋友。陶行知自然不会端着校长的架子，他带头与村民做朋友，老头、青年小伙儿、妇女都乐意请他帮忙解决疑难问题，而他也总是耐心地听他们絮絮叨叨一些琐碎杂事，可能是家庭矛盾，也可能是邻里关系，还可能是生计出路，各式各样的问题。陶行知总能不负他们的期望，给他们满意的答案，良好的建议。因此，村民们与这位热情奔放的教授关系融洽，附近几十里的村民都认识他，看见他老远就开始打招呼。

陶行知也非常注重与村民、工友的沟通技巧，因为他心中没有对这些人一丝一毫的鄙视，所以他遇事总会用他们能理解能听懂的方式交流沟通。有一次陶行知在外出差，有人向他反映晓庄师范唯一的一名校工高祥发不守规矩，不听安排，陶行知就给这位文化程度不高的校工写了一封劝诫信，信的内容是这样的：

高大哥：

我久想和您细细的谈一回心，只因事情太忙，不能做到，实在烦闷得很。今天在船上念到您，便要写信把我的心思使您知道。

您为人很诚实。我们大家都爱上您这一点。这是做人的根本。我希望您永远保守这个宝贝，终身做个诚实人。但是在世上做人，单靠诚实是不够的。诚实之外，还要尽本分。我们学校里，各人有各人要尽的本分。您的本分是按着一定的时候挑水、烧饭、买菜、清理厨房和做别的粗工。做这些事您应当受主管人的调度。

您现在最大的一个毛病便是顽皮，不受调度。您应当痛改。我们主张人类平等：校长和校工一律看待，吃一样的饭，一样的要尽本分。校长不尽本分，校长的饭碗便要打破；校工不尽本分，校工的饭碗也是要打破的。您可知道，这次他们开会限我二十一日前要回校，若是过期不到，连我也要受罚。您看厉害不厉害？大家能罚我，难道就不能罚您吗？我们不愿意受罚，便须尽本分、听调度。我现在不在学校里，一切由赵先生作主。他要您听谁调度，您就听谁调度。

自己的本分尽了，还得用空闲的工夫帮人的忙。您帮人家忙，人家也愿意帮您忙。倘若人家请您帮忙，正在您不能放手的时候，也要和和气气的对人家说明，不可发茅草火的脾气。

您倘若诚实到老，尽本分，听调度，帮人忙，和气待人，那您便是我们晓庄理想的校工，也可以说是校工中之圣人，保您有个铁饭碗，永远打不破。您要不信我的话，那便是瓷器饭碗，随时可以打破的。我相信你是世界上一等好人，一定是肯听我的忠告的。

可见陶行知真是苦口婆心，有礼有节而又不失威严，既有鼓励又指出了问题，更难得的是，陶行知由小及大，为高校工指出了人生问题和做人标准，希望他不但能改变眼前的陋习，更能有所长进，甚至成为一个“圣人”。陶行知就是这样一个伟大的教育家，真正做到了“有教无类”。对一个校工就这样爱护与教诲，对学校的老师学生自然是可想而知了。

高校工收到学生转交给他的这封信，简直不敢相信，以为是学生在开玩笑，后来才明白确实是校长写给他的。他上过晓庄的夜校，识字也算用心，这信他勉勉强强能看懂一些字，不过还是不得不请人讲给他听。也许是高校工没有理解陶校长的苦心，也许是他本性难改，又或许是其他原因，最终高校工还是打破了自己的饭碗，离开了晓庄。但陶行知对这位“高大哥”却记忆深刻，后来在一首离别词中，还出现了以高校工为原型的“汲水人”的意象：

无语泪汪汪，
涌出愁肠；
千珠万滴付长江。
谁在矶头汲去了，
挑到晓庄？
洗手做羹汤，
无限思量。
此中滋味不寻常。
寄语愁人吃不得，
要断人肠！

也许是受高校工事件的刺激，陶行知后来改变了晓庄师范的校工制度，他提出“凡事服侍教员、学生而妨碍师生自己动手做事的听差、斋夫、老妈子，一律于最短期间内解除职务，另谋生计”。

要求师生有动手的能力。自力更生，是陶行知一贯的主张，也是他创立晓庄师范的原初构想。陶行知的这一思想可以总结为他的“手脑相长”“在劳力上劳心”的思想。他认为中国之所以如此羸弱，受人欺凌，归结到国人身上是因为害了两种与手脑相关的病：一种是读书人的“软手软脚病”，导致呆头呆脑；另一种是工人农民的“笨头笨脑病”，导致粗手粗脚。他还说“小时候不能动手动脚，大的时候当然一切事要别人做；小的时候做惯少爷，大的时候当然做老爷”，“今日卖国贼，哪一个不是当年的双料少爷”。

根据他的这种思想，他希望晓庄师范培养出来的是没有这“手脑病”的人才，并让他们把这精神传播到全中国去，改变全中国去。因此晓庄师范的考试题既有知识的考察，更有动手能力的考察；课程既有知识的学习，也有技能的培训；晓庄既是一所师范学校，也是一个工场，校舍要自己造，实验器具要自己造，当然饭菜也要自己造，乃至“马桶也是要自己倒的”。当然，陶行知并不是要让晓庄成为一个技工培训所，所以他主张“在劳力上劳心”。

陶行知进行的这样一种教育试验，掀起的这场乡村教育运动也免不了有不同的声音发出，有的人就批评他，说他这是“许行主义”。什么是“许行主义”呢？许行是《孟子》里的一个人物，他致力于研究神农氏学说，收有门徒几十人。许行和信奉他学说的人都穿着粗麻布衣，以打草鞋织席子为生。孟子听说了这些情况，不以为然。有一次，许行的门徒陈相去见孟子，孟子就问他："许先生吃的粮食是自己种的吗？"

陈相如实答道："是。"

孟子又问："许先生穿的衣服都是自己织的布吗？"

陈相答道："是的。先生只穿自己织的粗麻布。"

"那么，先生戴帽子吗？"

"戴。"

"戴什么帽子？"

"白绸帽子。"

"是自己织的吗？"

"这个，倒不是，是用谷米换的。"

"许先生为什么不自己织呢？"

"因为他要耕田。"

"那么，许先生耕田用的犁具、做饭用的釜甑，是铁造的和陶制的吗？"

"是的。"

"是自己打造和烧制的吗？"

"不是，也是用谷米换的。"

"用谷米换取器械，不能说是侵害了瓦匠铁匠，那么瓦匠铁匠用器具换取谷米，又怎么是侵害了农夫呢？许先生为何不自己烧窑冶铁，制作各种器具自己用，而要与百工进行交换呢？"

陈相答道：“做工与耕田无法兼顾。”

这时，孟子的诘问到达了目的，他道出了自己的思想：“然而治理天下就可以与耕田兼顾吗？如果说一个人，每件东西都要用他自己造的，这是叫人人疲于奔命，所以说，事有大小，有的人劳心，有的人劳力；劳心者治人，劳力者治于人；治于人者养活别人，治人者被人养活，这是普天下的一般道理。”

这就是孟子著名的“劳心者治人，劳力者治于人”思想。他批判了“每件东西都要用他自己造的”、不切实际的“许行主义”行为，而陶行知在晓庄倡导的行动，与所谓的“许行主义”有相似之处，因而受到了一些人的批评。

其实不然，陶行知清楚地知道自己走的不是许行的路子，他在晓庄师范的报考试题中就出了这样一道题——有人说我们办试验乡村师范是行许行之道，对吗？很明显，陶行知的答案是否定的。陶行知既反对“完全劳力者”的盲动蛮干，不开动脑筋，不用自己的想法去改造世界——这样的人就是那些愚昧无知、受人欺压的劳苦大众；同时也反对“完全劳心者”的胡思乱想，故弄玄虚，不动用自己的双手去探索世界，去发现实践的新知——这样的人就是那些高高在上、空谈阔论的伪学者、伪教授。

陶行知真正主张的是“在劳力上劳心”，劳力是出发点，这是陶行知注重实践的一贯主张，只有一面动手干，一面去思考，才能获得对世界真切的认识，也才能探索真知。陶行知很善于用简短的句子来总结自己的思想，用通俗易懂、朗朗上口的诗歌来阐发自己的思想。他把这种思想总结为“手脑双挥”，并用一首歌谣去诠释它：

人生两个宝，
双手和大脑：
用手不用脑，
饭也吃不饱；
用脑不用手，
快要被打倒；
手脑都会用，
才算大好老。

陶行知在晓庄实行的一系列教育方式，正是从他的这些思想出发的，他叫所有的学生在动手的过程中去学习。学校里买了一只无线电收音机，大家不会用，坏了不会修，陶行知就派了一个人去上海学，学会了回来教大家拆装修理，后来把刚从法国回来的电气工程师丁柱中先生请来，大家跟着安置发电机发电，还架设了无线广播台，这一切工作都是学生动手来完成的。

他又教导学生说，你们见过农民栽山芋苗，也见先生栽过，仿佛很容易，但轮到你们自己栽的时候，很多人栽的就枯死了，这说明光看是不行的，要自己动手去做，亲自动手才能知道其中的问题、困难，才能摸到窍门，再在这样的基础上去思考其中的原理，那么就能明白其中的道理，这才是真正的明白！我们过去的老教育办法，走错了路。它教人把眼睛都变成睁眼瞎不去看世界，看万物；它教人把双手都自动绑起来不去接触事物。读了植物学分辨不清稻粱菽麦黍稷，读过电学的人电灯坏了要请工人修，这有什么用？这都是吃的不去亲自动手干，不亲近实际事物的亏。

虽然在当今科技高度发达、社会分工高度发展的社会，一个人想要精通所有的技术是不可能的，甚至钻研一门技术都是非常大的挑战，但陶行知给我们的启示是“许行主义”固然不可取，但是从“实践求得真知”是亘古不变的道理。他这样对学生说，你们要做自然科学家就要钻到大自然和实验室里去干，要做社会科学家就得去干革命。当时的中国内忧外患，各种思潮涌动，各路爱国人士都在探求救国的道路，陶行知所说的“革命”就是改造社会、改变国家的实践。他知道没有什么知识是可以解决所有问题的，唯一可以解决所有问题的方法就是“运用双手和大脑，到问题中去寻找解决问题的办法”。

陶行知在教育改革中实践的正是这样的思想。他曾经这样批评那些不顾中国实际情况，只顾拍脑袋的所谓“教育家”，他说他们是“拉洋车”，只管把留洋学到的理论“拉”到中国来，也不管理论是不是符合实际情况。在改进社的工作，让陶行知对中国教育现状有了全局的了解，他明白“拉洋车”是改变不了中国教育现状的，更不可能实现他教育救国的理想。于是，他将眼光投向了中国广袤的农村，并且从全国大局的“面”转移到晓庄师范这个“点”上来，用试验的方式去寻找符合中国国情的教育改革。这种思想无疑是先进的、深刻的。

在陶行知的努力坚持下，晓庄师范一年胜似一年，这朵中国教育改革的蒲公英逐渐成熟起来，并且开始向远方传播它的种子。每到寒暑假，全国各地的教育单位邀请晓庄师生的函电，就像雪片似的飞向晓庄来。学生们有的去担任乡师校长，有的人去接任社教馆长，有的人去做教育局局长，更多的人是去各县市的中心小学做教师、校长，或者从事辅导研究工作。

另外也有全国各地的教育人士和团体前来考察、参观、取经，见于记载的就有：厦门大学参观团（1928年6月）；南京市教育局局长陈剑修、学校教育课课长陈鹤琴率教育局职员及全市各校校长、教员参观（1928年8月）；蔡元培等到校参观（1928年10月）；江苏省宝山县县立师范学校前来访问（1928年初）；四川省教育人士访问（1927年元月）；国民政府大学院第一次全国教育会议全体代表（1927年5月）等等。

陶行知还让晓庄的名声远播到海外去了。陶行知在加拿大举行的世界教育会议上做了题为《中国乡村教育运动之一斑》的报告，晓庄师范首次进入了国际教育界的视线。不久，国际自由平等同盟会特派来华的两位女代表参观了晓庄师范，认为晓庄师范的“宗旨和办法，实在很适合现代潮流”，甚至预言“将为新中国创造一种新的教育制度出来”。后来陶行知还请他在哥伦比亚大学师范学院的老师克伯屈前来考察，克氏对晓庄大加赞赏，还说：“我现在无论到什么地方，都要宣传在中国的晓庄有一个实验学校，把这里的理想和设施，宣传出去，使全世界人知道！”甚至，晓庄的校歌《锄头舞歌》还流传到美国，由著名低音歌王、黑人歌唱家罗伯逊翻唱并收录到唱片专辑《起来》中，从而在国际上得到了广泛传播。

晓庄师范声名鹊起，自然也引起了当局政要的注意，冯玉祥和蒋介石就曾亲往晓庄参观。

冯玉祥与陶行知的交往可以追溯到陶行知兼任改进社干事和东南大学教授时。当时冯玉祥被北京政府任命为河南督军，他在开封搞社会改革，就任之初就拟定10条大纲，其中就包括“推行义务教育、以开民智”的教育改革。陶行知听闻后，利用出差经过开封的机会，前去参观。

陶行知初创晓庄的时候，冯玉祥请他去做河南的教育厅厅长，陶行知无论如何都不答应，并回复他说“晓庄的事业，我要用整个的身子干下去”。冯玉祥无奈，于是退而求其次，又邀请陶行知到河南去一趟，帮他规划一下全省教育及推行部队识字运动。他生怕陶行知还是不肯前往，得知晓庄经济拮据，就许诺说只要陶行知肯去河南一趟，他就给晓庄捐建房子。这个允诺的诱惑力对正为晓庄的资金发愁的陶行知来说，可是太大了！他这才动身，一路辗转到河南去，后来冯玉祥也兑现了承诺。

1927年冬天，晓庄师范开办不久，附近的镇上接连发生了土匪敲诈勒索事件，甚至带枪的土匪深夜袭扰村镇，当地公安局却无可奈何。政府不能保障治安，陶行知就带领晓庄师范的师生和村民发起“联村自卫团”。光有“战士”，没有武器也不行，陶行知就请冯玉祥提供枪弹，以便进行军事训练，防范土匪。他还批评说，一般学校的军事演习不过是立正、开步、举枪、行礼等内容，真正遇到土匪，根本没有自卫的能力。

冯玉祥答应了陶行知，给自卫团提供了一些枪支弹药，并且应陶行知之请派了一位营长带6个人前来做教官，而他自己则亲自来到晓庄，参加了授枪典礼，冯玉祥在演讲中说：“枪械皆以百姓血汗买来，吾等有此利器，当加意练习，以备为民除害之用。”

期间冯玉祥参观了晓庄师范，他看到学校里都是师生一起烧饭吃，不用伙夫，于是马上打电报给总司令部，下了一道命令，要求官兵一律自己烧饭，不用伙夫。

土匪听说晓庄组织了联村自卫团，就派人偷偷到晓庄学校操场上投下一封恐吓信，大意为：“陶行知，你办你的学校，何必干预我们的事！现在本旅长向你们要大洋三万元，限期交到指定地点，少一个都不行。否则我们要和你们较量一下，晓庄三里路内，杀得鸡犬不留。”大家知道了这个消息，不免有些恐慌，陶行知随即召开联村大会，对大家说：“土匪当真来了，不要怕，不要乱开枪。土匪也是人，他也需要教育。他如果把我们同志捉去了，就去办土匪教育，把他从土匪里抢救出来。”然后与大家认真商议对策，布置防备。陶行知既表现了他作为教育家博爱的一面，又表现出作为“战士”英勇无畏的一面！

后来，土匪终究没敢轻举妄动，晓庄一方遂得安宁。

蒋介石和他的夫人宋美龄也一起参观过晓庄。那是1928年11月初的一个星期天，陪同蒋介石参观晓庄的还有冯玉祥等人，当时陶行知因为在外出差没有亲自陪同参观。

蒋介石此番前来参观，阵势搞得很大，戴了白手套，佩剑带枪的卫队从和平门一直密布到燕子矶附近。蒋介石的座车停在佘儿岗中心茶园附近，然后步行参观。宋美龄则仿佛是假日出游，穿着打扮都很精致，她在参观晓庄小学的茅草屋时，嘴里夸赞道:“蛮好，蛮好！”

蒋介石参观得很仔细，每路过一个房子，都要问是做什么用的，“书呆子莫来馆”尤其引起了他的一番兴趣。蒋介石还查看了山坡上自卫用的土碉堡，还了解到冯玉祥给晓庄赠枪的事。给土碉堡拍了照后，一群人走下山坡，蒋介石又指着另外两个山坡上的草房问是做什么的，随行人员答道，西山坡上的草房叫五柳村，东山坡上的草房叫冯村。蒋介石猜到五柳村与陶行知的关系，但冯村他却不甚了然，于是问了一句:“冯村是什么意思？”得知是冯玉祥出资建设的“别墅”，方恍悟颔首。参观结束后蒋介石夫妇乘车离去，而冯玉祥则留在了冯村休息。

参观晓庄，陶行知没能前往陪同，又遇到“冯村”一事，蒋介石的心情肯定不会好，但最终对晓庄痛下“杀手”，恐怕还是因为后来发生的“无票乘车事件”。

“无票乘车事件”发生在1930年3月下旬，晓庄各中心小学要到市郊栖霞山春游，旅行修学、采集标本。因为路途

捧着一顆心來
不帶半根草去
新安小學同志
陶知行題

陶行知题字

较远，需要乘火车前往，但是有的学生无钱买票，于是师生开会商量办法——这也是晓庄的传统，遇到问题大家群策群力，协商解决。后来有人提出小学生乘火车不应该买票，得到了大家的一致同意，于是拟就一份宣言，并印成传单。

几天后，晓庄各中心小学师生二百余人在和平门火车站集合，想要从这里上火车。领队先与站长交涉，但站长坚持要他们买票才能上车。于是双方发生争执，这时恰好有一列慢车开进站台，刚一停下，只听得一声哨响，这二百多人分队迅速登上列车。站长阻拦不住，急得大喊："车上要查票！车上要查票！"列车开动后，列车员果然来查票，领队交给他一张传单。列车员一看，题目赫然是《晓庄学校小朋友为争取旅行上学坐火车不打票宣言》，内容是：

火车，是我们人民的火车！火车，是我们小朋友的火车！父老们，小朋友们！火车是我们人民的血汗创造成功的。我们应当享有火车上一切的权利，因为我们是火车的主人。现在火车被少数人强占去了，有钱的坐头等，没钱的连四等都坐不着，拒绝到火车的门外，这是何等不公平，不合理的事！父老们，小朋友们！我们要起来，一致的起来：实行旅行上学坐火车不打票！打倒火车上的阶级——头等、二等、三等、四等！铁路收归人民所有！

南京晓庄学校小朋友

师生们一边向车厢里的旅客散发《宣言》，一边向四座宣传。车到栖霞后，他们冲出车站。傍晚归来，又照例涌上列车，回到和平门车站。站长拦住他们，非补票不行。领队说："我们已经向铁道部申请，现在身边没钱，你们随时来向我校算账好了。"站长无可奈何，只得放他们出了车站。

"无票乘车"一事和《宣言》传单很快传到了铁道部部长孙科那里。孙科是陶行知哥伦比亚大学的同学，念及同窗之谊，以私人名义给陶行知写了一封信，婉转地表达了对晓庄的回护之意，向陶行知提出了处理办法。

陶行知见信后，在回信中坦承事情是本校学生所为，并且承认事先没有陈请批准"实在不妥"。然而陶行知心知肚明，如果提前申请肯定不会得到允许；另一方面，他认为"小学生旅行学习不打票"是实现孙中山民权主义的具体措施，学生们的做法在原则上是正确的，因此他坚定地站在学生一边，他将《宣言》连同回信一起寄给孙科，并"请钧部拟定《小学生免费旅行条例》，通告全国小学试行"，他还在晓庄的壁报上写了一首诗来鼓励大家："生来不自由，生来要自由，谁是革命者，首推小朋友！"陶行知这样的反应与行动，自然让当局大为光火，甚至骂道"陶行知要造反了"，祸根由此种下。

1930年3月15日，这一天晓庄三岁了！

晓庄从一片荒山，到如今的欣欣向荣，桃李遍布，陶行知心中非常欣慰，他诙谐地说：

三年前的今日，老山下的小庄出了一桩奇事。他们是来扫墓的吗？香烛在哪儿？强盗来分赃吗？如何这样客气？他们是开学哟。开学？学堂在哪儿？连燕子都不肯飞来的地方，忽然这样热闹！

陶行知打算借这个机会将欢庆节日与宣传学校结合，把晓庄取得的部分成果向村民们、向社会各界人士展示，于是安排了3天时间庆祝，活动节目多达26项，而这些展览也是极具晓庄特色的，比如特色的展览有“社会革命馆展览、农艺馆展览、书呆子莫来馆展览、工场展览、农场展览、无线电制品展览”，甚至还有一项“厨房展览”。

晓庄师范在田汉的南国剧社的影响下，成立了自己的“晓庄剧社”，校庆期间，自排自演的话剧当然是必不可少的，三天时间好戏连连！还有各式的舞蹈节目，像锄头舞、镰刀舞、蓑衣舞，这些舞蹈都来源于平时的生活劳动，因此深受大家的喜爱，就是没排练过的村民们也能来上一段呢！

除了展览、话剧、歌舞，还举行了联村自卫团的会操，举办了联村运动会，更有意思的是还有实用的联村救火会学习、修筑道路、植纪念树等活动，这样的校庆不光是庆祝，同时还不忘造福民众，晓庄学校已经成为这个地区的中心了！师生们、来宾们、附近的村民们打成一片，参与其中，乐在其中！

今日是何日？
当念三年前。
愿从今日起，
更结万年缘。

但是陶行知对晓庄目前取得的成绩还不满足，他说“可以看见的成绩，真是微乎其微”，“所有的茅草屋，稍微有点财力的人，只要两个月就可以造得成功，一阵野火，半天便可以把他们烧得干干净净”。但是陶行知清楚地知道晓庄的基石在哪里，晓庄的寄托在哪里。他在校庆会上的演讲《晓庄三岁敬告同志书》上这样说：

晓庄是从爱里产生出来的。没有爱便没有晓庄。因为他爱人类，所以他爱人类中最多数而最不幸之中华民族；因为他爱中华民族，所以他爱中华民族中最多数而最不幸之农人。他爱农人只是从农人出发，从最多数最不幸的出发，他的目光，没有一刻不注意到中华民族和人类的全体。在吉祥学园里写了两句话：“捧着一颗心来，不带半根草去。”晓庄是从这样的爱心里出来的。晓庄可毁，爱不可灭。晓庄一天有爱，则晓庄一天不可毁。倘若这爱没有了，则虽称为晓庄，其实不是晓庄。爱之所在即晓庄之所在。一个乡村小学里的教师有了这爱，便是一个晓庄；一百万个乡村小学里的教师有了这爱，便是一百万个晓庄。

“捧着一颗心来，不带半根草去”，晓庄的精神就是博爱的精神，无私奉献的精神；晓庄的使命就是要以爱去帮助人类、帮助“人类中最多数而最不幸之中华民族”，帮助“中华民族中最多数而最不幸之农人”去消除他们的不幸！这是陶行知要求晓庄致力实现的，而且已经部分实现了的，还将要坚持去实现的伟大目标。他慷慨激昂地勉励所有晓庄人：

同志们！记牢了我们的使命是教导乡下同胞做中华民国的主人。乡下同胞没有出头之先，我们休想出头。乡下同胞没有享福之先，我们休想享福。我们若是赶在农人前面去出头享福，只此一念便是变相的土豪劣绅。与农人同甘苦，共休戚，才能得到光明，探出生路。我们大家唱首《劳山歌》为中华民国的主人努力吧！

老山劳，

小庄晓；

咱锄头，

起来了。

老山劳，

小庄晓；

新时代，

推动了！

然而，校庆的欢歌还没消散，晓庄人的喜悦还挂在脸上，阴云却逐渐笼罩晓庄了。其实这阴云的影子早已被陶行知和晓庄人看到，有些在外任职的晓庄人，被当地政府以“与共党勾结”等理由辞退，而在晓庄的树荫下、墙角阴影里、草垛后面总会游荡着一些陌生的但眼光阴狠的特务，他们还跑到老百姓和学生家里去游说、收买眼线，为的是要抓住晓庄的“罪证”。虽然他们几乎没有任何收获，因为晓庄根本就没有任何罪行，但是作为一校之长的陶行知已经嗅到了空气里的火药味和血腥味，因此他在校庆上讲的“晓庄可毁”，“一阵野火，半天便可以把他们烧得干干净净”之类的话，并不是杞人忧天，而是开始给晓庄人敲响警钟，并再一次凝聚晓庄人的意志，为可能到来的“风暴”、战斗做好准备！

1930年5月的一个清晨，这场酝酿已久的“风暴”终于来了！那天陶行知在外奔走筹措经费，不在晓庄。天光刚放亮，师生们像往常一样准备开始一天的工作学习，但是村上的狗却不安地叫起来，而且一阵紧似一阵。住在农民家的晓庄人白韬赶紧从小窗洞往外看，只见大队的灰衣服士兵和穿黄色制服的宪警手持上了刺刀的步枪，腰携手榴弹和麻绳，向晓庄学校开来，一队又一队，约有五六百人。他和同事们马上意识到情况不妙，连忙逃入附近的麦田中去。

这大队人马如临大敌，离校本部还有一里多远就稳住阵脚，分为两队，随着指挥官的一声口笛响，俯首直冲，向校部包围上去。一个冲锋，将犁宫包围起来，但却不敢轻举妄动，直到一个宪警战战兢兢地推开门，才发现里面一个人也没有。这个意外让指挥官呆住了，因为他是受了上级的命令，说晓庄聚众千余人，有枪数百支，准备暴动颠覆政府，务必包围而歼灭之，如有反抗，格杀勿论！然而，见到的竟然是这幅景象，指挥官暴跳如雷，朝着被带来的师生喊："枪，枪，枪呢！我是奉命来缴械的！"

"什么枪呐？你是说内政部送的破枪么？"一位同学说，"放心，你们要，我们奉还就是了，枪已经修好不少，修理费也奉送！"

一会儿一百多支枪就堆在了恼羞成怒的指挥官面前，他似乎因为没有发生战斗，也未能杀人，不能邀功请赏而感到不满，连声大叫："封闭！封闭！封闭你们这个造反的学校，你们都是反革命分子，土匪！"

"可是封条贴在哪儿呀？"宪警拿着南京卫戍部的朱笔大封条，却不知道该贴到哪里。原来晓庄方圆几十里，师生都是分散住在各处，学校既没有围墙，也没有大门。

指挥官更加气急败坏了，他大骂："混蛋！贴在那里、这里，不是都行！”他一指犁宫，又一指“书呆子莫来馆”，大概是因为这两处茅屋比较大一些。

这些狗腿子在晓庄整整翻了一天，但一无所获，只得拖着百多支破枪走了。但第二天一早，又派了一个连冲进来，自以为可以杀一个“回马枪”，可是仍然扑了一个空，晓庄并没有任何暴动的迹象。于是他们开始驱赶师生，但师生本来就分散住在各处，大部分住在老百姓家里，驱逐也无从下手，可伤透了这些鹰爪的脑筋，最后他们终于想出了一计：派了一连兵占领晓庄学校本部。

就这样，晓庄被封了！

学校被封后，国民党党报《中央日报》上发表了一篇胡汉民的报告，公告陶行知办的晓庄学校“勾结反动分子阴谋不轨，本党为肃清首都祸患于未然，特勒令封闭，陶行知本人事先未能防范，亦不能辞其罪”。

封闭晓庄的行动是政府当局越过教育部，直接命令南京卫戍部采取的行动，知道内情的人都心知肚明，这是蒋介石怀疑晓庄学校里的共产党员“图谋不轨”，要剿杀共产党，又记恨晓庄“与政府作对的行为”，比如“无票乘车事件”、参加学潮罢工等；当然之前视察晓庄时没有受到隆重的接待，晓庄与冯玉祥的关系也是封闭晓庄的部分原因。

晓庄被封，陶行知义愤填膺，立马挥笔写了《护校宣言》，痛陈政府当局的可耻行为，表达了晓庄人的护校决心：

晓庄学校，被当局勒令停办了。被当局越过教育部而直接勒令停办了。被当局以秘密开会莫须有之罪名而勒令停办了。乡村教育之发祥地停办在乡村教育没有普及之前，是何等的痛心啊！中华民国的忠仆能以自己的生命换取中华民国之生命，又是何等的光荣啊！革命的教育摧残于所谓的“革命政府”之手，这是何等的令人难解，又是何等的令人失望啊！

这次当局断然以迅雷不及掩耳的手段停办晓庄学校，远因近因虽多，归总起来只是因为我们不肯拿人民的公器，做少数人的工具，不肯做文刽子手，去摧残现代青年之革命性。我们认清了教师之职务是教人学做主人。……因为我们要教人学做主人，所以对于侵犯了这主人地位的势力，都要问个明白，和它一决胜负。

从1917年学成归来，陶行知已经摸爬滚打了13年，他时而在高层，时而在基层，应该说对当时的中国社会看得很明白，他应该知道仅凭晓庄之力，是难以与政府当局抗衡的。然而，陶行知就有这样的勇气，有这样战斗的血性，敢于向反动政府说“不”，敢于发出自己的声音。这不光是陶行知的个人行为，更有晓庄三年发展带给他的底气，他说：

封闭晓庄的可能时期，怕是已经过了。在褚玉璞时代，晓庄是可以消灭的。过此以后，种子已经遍撒全社会，在人所不到的地方，已经有了晓庄的生命。我们想不到人间有什么势力，可以把他们连根拔掉。

正是因为晓庄开展的是乡村教育，并且一直贯彻与工人农民打成一片的群众路线，使得晓庄能够遍地开花，使得陶行知有这样的豪气！

在陶行知的带领下，晓庄人发起了“护校运动”，师生整队到国民党政府的教育部去，责问为什么封闭学校，要部长说出正当的理由。然而这次行动本就是越过教育部的，所以他们只能含糊其辞，让师生静候解决。师生见教育部不能替“一个致力于教育改革的师范学校”说话，一面为政府腐败、目中无法而痛心，一面向南京各大中学校、教育界及社会人士呼吁，陈说国民党反动派的罪行。他们还印刷了大批护校传单，在戏院、学校以及公共场所散发。反动派就开始抓人，许多师生被关进了卫戍司令部，并且还在追拿其他积极分子。情形变得越发糟糕起来！

1930年的一个秋夜，南京成贤街的一所民居，窗户透出一束昏暗而警觉的灯光，几个晓庄的老师和学生正在商讨着什么。忽然昏暗的灯光下出现了一张有些憔悴但从容而平静的脸。

“校长！”

正是陶行知。他走进屋来，屋子里一片沉静，大家都凝视着陶行知，等他说出什么喜讯或是噩耗。陶行知开口了，口气是严肃而从容的："我是来向你们告别的！"

大家都惊疑地望着他，屏气凝神，等他继续说。陶行知此时露出了微笑，说："他们下令通缉我了，这是蒋的密令，大约明天早晨就要执行，我得趁今晚十一点半的快车，赶到上海去！"

他说完这些话，灯光仿佛一下子更黯淡了，满屋寂静，谁都不愿意先说话，还是陶行知开口了："你们，留在这儿，得当心呀，他们已经下决心来干我们了，我建议你们下乡。"

陶行知在这里逗留了一两个小时，与大家详细地商讨以后怎么办，最后，他留了一些钱，对大家说："必要时，你们得向上海跑，不要硬拼！"看到大家沉毅的表情，他略微放心，一脚跨出屋，又停住了，一转身，攥着拳头，低声而坚决地说："我们还要干！"大家心头一股热血上涌，低声地重复说："我们还要干！"陶行知眼眶一热，毅然转身，消失在了夜幕里……

13年前，乘着远洋轮船踌躇满志回到中国的陶行知，3年前，放弃高官厚禄穿着土布衣服来到晓庄的陶行知，可能没有想到这一幕，也可能早就料到了这种情况的发生。不管他想到还是没有想到，结果都是一样的，那就是陶行知临别的那句话——我们还要干！

但是未来又在哪里呢？

四、矢志不移赴国难

1930年一个阴霾的早晨，上海虹口一家日本书店里来了一位穿黑西装的人，他与老板内山完造低声说了几句话，就被带进了里间。里间坐着一位先生，正坐在窗边的椅子上看书，听见有人来，便警觉地瞥向门口，见是老板带着人来，就稍稍放下心来。

“陶先生，我是程霖生先生的雇员，他让我告诉您，请尽快离开上海。”

里间的先生正是陶行知，他离开南京后，就来到了上海，匿居在静安寺路赫德路口程霖生家中。程霖生是陶行知的同乡好友，是上海知名的商人，也非常支持教育事业，之前大力援助中华教育改进社，后来更是鼎力资助晓庄学校，陶行知称他为“本校雄厚的后盾”。谁知世事难料，如今陶行知竟然因为教育改革，而落得一个被通缉的下场，每天只能在晚上乘坐程霖生的汽车悄悄出来，会见同样逃避追捕的晓庄师生。

然而，现在情况变得越发恶劣起来，因为国民党反动派在被捕的30多名晓庄人中，查出一些人有“共产身份”，并且将陶行知视为幕后指使者，于是加紧了对晓庄的清算和对陶行知的追捕。陶行知不得已，就从静安寺路转移到日本人集中居住的虹口，落脚在日本友人内山完造的书店。

1930年8月到10月间，晓庄的叶刚、石俊、郭凤韶、谢纬棨因为叛徒的出卖被抓捕，先后在南京雨花台被杀害，陶行知闻讯悲愤交加。程霖生此番派雇员前来，正是催促他尽快离开上海，躲避风头。陶行知无奈，终于下定决心，东渡日本。

陶行知只身来到日本，不久便是中秋节。罹难去国，独在异乡，更逢团聚佳节，陶行知心头的孤独与思念可想而知。他悲吟着：

皎皎天上月，今夜又团圆。
吾念岁寒友，都在离恨天。

“岁寒友”指的就是为晓庄事业付出生命的同志！战友的牺牲固然让陶行知愤慨万千，但更多绵绵离恨则来自他对家人的思念与挂牵。陶母曹翠仂已经65岁，并且身患严重的高血压病，常常出现病危征兆。妻子汪纯宜本来身体单薄，分娩四子陶城时难产，身子骨更加虚弱，后来又因为误食过量的安眠药，诱发精神病。妹妹陶文渼更是因病早逝……

陶行知为了照顾家庭，曾从南京迁家到北京，又从北京迁家到晓庄，然而终究因为四处奔波，难以周全家人。现在晓庄得罪了当局，更是连累家人担惊受怕了。晓庄被封以后，军警在五柳村设了岗哨，监视陶家人，甚至还放话说“如果抓不到陶行知，就拿他的家人包括儿子作人质”，吓得陶母不顾年迈，老老少少一家人连夜逃离晓庄。落脚之后，又谣言四起，忽而说陶行知被捕关押，忽而又说被枪毙，妻子汪纯宜终于不堪刺激，跑到夫子庙边的一条臭水河自尽，幸而被人救起。想到家人的种种遭遇，陶行知心中不免愧疚，如今天各一方，更是有无尽的思念。

陶行知作为一个社会改革家，到哪里都会留心当地的社会，特别是教育状况，此番来到日本自然不会放过考察日本社会及教育的机会。他经常到图书馆去，一方面是阅读学习，另一方面他对日本的图书馆教育产生了浓厚的兴趣。他了解到东京共有图书馆27座，规模最大的是上野帝国图书馆和帝国大学图书馆，藏书分别为67万册与60万册。上野帝国图书馆作为公共图书馆，以低廉的价格向普通人开放，只要5分钱，就可以进去看书；如果要做研究，可花5角钱进入研究阅览室，图书馆每天平均有1200多位读者。陶行知感叹这两个图书馆的藏书虽然比不上藏书各500万册的巴黎国立图书馆、伦敦大英博物院图书馆，以及藏书440万册的美国国会图书馆，“但在文化贫穷的东方实在可以雄视一时了”，可能他心中还产生了兴办图书馆的念头呢！

不过，陶行知这样一个终日奔波、劳劳碌碌的实干家，一旦在日本闲居起来，反倒感到不适，寒冬里大病了一场。异国他乡，只身一人，又遭病痛，孤苦之情固然难免，但有时候身体上的疾病能迫使人躺下，在病床上重新整理自己的思想。陶行知本是惯于“起而行”的行动巨人，这场病迫使他“卧而思”。从他的《久病忽愈》中可以看到他病居之苦，更能看到他的乐观豁达，与病愈后的爽朗振奋之情：

多年不生病，一病便病倒。自己做医生，自己把药熬，自己做看护，性命保不保？拖了个把月，形容渐枯槁。忽从屋梁上，跳下一只猫。若信儿时话，便有些不妙：“猫来非偶然，阎王把人找。”阎王未见过，见见也很好。为何不留我？放我阳间跑？想是阴山下，怕听“小庄晓”。从此生死簿，勾了我名号。不用闹地府，师徒都不老。病后痛快事，洗个热水澡。穿起学生装，脱下病时袍。“今日是何日？三月十五了！”

冬去春来，病也渐渐好了，陶行知的身体和精神已是整装待发。晓庄事件时过境迁，蒋介石的态度也发生了变化，他推托说“封闭晓庄和通缉陶行知是胡汉民的主张”，后又因蒋介石与胡汉民的政见不同，终于是针锋相对起来，最后蒋介石逼迫胡汉民辞职，并将他软禁起来。如此一来，晓庄事件就渐渐缓和了，陶行知再次登上轮船，返回祖国。

相比他当年从美国返回祖国，此次从日本回国，陶行知心心念念的还是祖国，还是教育救国的事业，只不过经历一番风雨，陶行知少了几分气盛，多了几分稳重，通缉、流亡、病痛、离散，使这个战士变得更加成熟，战斗的意志也更强了！

陶行知回国后，还是不能公开露面。他隐居在上海四川北路，起先为商务印书馆翻译世界名著，后又与主编《儿童生活》《师范生》的晓庄学生方与严共同研究起童话来，他们研究了格林兄弟、安徒生的作品，还研究了伊索寓言、英国作家吉卜林的童话作品等等，陶行知还自己动手写童话。

恰逢上海《申报》班底换新，陶行知得黄炎培介绍，约见了报馆老板史量才，史量才与陶行知早年因杜威中国之行，已经是熟识，于是顺利到《申报》做了顾问。

同时陶行知在《中华教育界》发表长文《中华民族之出路与中国教育之出路》，这篇文章是晓庄事件以来，陶行知首次在公众媒体上发出自己的声音，也是他流亡日本所见所闻所思的总结和提炼。陶行知认为“日本之所以强，强在她的科学发达”，于是他在《出路》一文中提出了“科学教育”的主张，并为此设想了“科学下嫁”运动，要将科学这位“赛公主”引出深闺，下嫁民间，“要使做工种田的人，拾垃圾的孩子，烧饭的老太婆也要能享受近代科学知识”。

史量才非常支持陶行知的这一设想，拨款十万作“陪嫁”，作为学园开办费，而且还按月发放经费。陶行知立即召集了丁柱中、董纯才、方与严、戴伯韬、吕静楼等晓庄人作为骨干，办起了“自然学园”。陶行知的长子陶宏也加入到“自然学园”

中来，做陶行知的助手。

自然学园的大本营是上海西摩路的一栋三层洋楼，顶楼住的是一个犹太人家庭，戴伯韬、董纯才住二楼，丁柱中、方与严和陶宏住楼下。他们的主要工作是自然科学研究、科学普及和编写科学教材。

有一天，李公朴见到陶行知，他俩是老朋友，又是致力于教育救国的同志，李公朴创办的《申报》流通图书馆深受陶行知的赏识。李公朴问陶行知："你记不记得，晓庄开办那年，跟我一同去晓庄的那个青年？"

"怎么不记得！姓高吧？"

李公朴点头道："对，高仕錤。"

"他还在美国留学吗？"

"前年就回来了。先是在中央医院检验科当主任，因与周围环境不合，一怒便辞职了。"

"有血性。"

"可是他在美国读细菌学时，在学校做实验感染了脑炎病毒，落下了严重的后遗症，所以他这一辞职，实在是太冒险了！留学生的头衔也不能帮他找到工作。后来流落到上海，只能译译书、给人做家庭教师，现在是贫病交迫。你搞自然学园，需不需要他？"

陶行知感叹道："这样一个为科学献身的人，我只怕求之不得呢！不过像他这样的人才，只在我这里，也可惜了，得想办法让他学有所用。先让他到自然学园来帮我们，过后我再跟史量才先生商量商量，给他找个更能发挥特长的工作。”

“那太好了。”

“他人现在在哪里？”

“住我家。”

“我去接他。”

傍晚，下起了蒙蒙细雨，陶行知把高仕镇接到了自然学园，安排他与戴伯韬、董纯才一同住在二楼。高仕錤的身体状况的确非常糟糕，他的手脚几乎失去了自我控制的力量，不但行动迟缓，而且有时上楼上到一半，突然眼珠子翻上去，得要旁边的人帮他抹下来，才能重见光明。

然而，即使是这样恶劣的身体条件，高仕镇仍然乐观积极，他能来到自然学园工作非常开心，他喜欢这里的自由自在，喜欢这里致力于科学教育的工作。在自然学园，大家都不拿薪金，但是吃饭免费。每天早上大家坐到顶楼的平台上，一边晒太阳，一边喝牛奶吃面包，然后开始一天的工作。上午阅读报刊、资料，午饭后就开始动笔写作。

陶行知给高仕镇的任务是编纂生理卫生活页指导，后来又请他撰写《微生物大观》，高仕镇从此走上了科普写作的道路。他还受陶行知改名的启发，将自己的名字改为“高士其”，缘由是“去掉人旁不做官，去掉金旁不要钱”。陶行知就是这样一个富有人格魅力的人，周围的人都会被他感染，不自觉地模仿他，向他学习。

高士其撰写的《微生物大观》是陶行知计划的系列丛

书——《儿童科学丛书》里的一本。陶行知在日本的观察和思考，使他明白科学技术的巨大力量，使他看到中国科学技术的落后。于是他深入地思考，造成这种落后的根本原因又是什么呢？是中国人的科学素养低，科学知识缺乏！那么又如何能提高国人的科学素养，增长国人的科学知识呢？陶行知知道，仅仅在报刊杂志上发表一两篇呼吁的文章是无济于事的，他从来都是“行动派”！

梁启超在《少年中国说》里写道：“少年智则国智，少年富则国富，少年强则国强，少年独立则国独立，少年自由则国自由，少年进步则国进步，少年胜于欧洲则国胜于欧洲，少年雄于地球则国雄于地球。”陶行知应该对这段话非常熟悉，而且非常认同这个观点。于是，他选择从提高儿童的科学素养，帮助儿童学习科学知识做起，《儿童科学丛书》就是他宏伟计划中的一部重要丛书。在陶行知的计划里，这套丛书包含三百到五百本书，囊括生物、化学、物理、天文、矿物、数学、农业、生理卫生等方面的科学知识。如果全部出版，在当时可真算一部鸿篇巨制了！

陶行知不光在数量上要求多，规模上要求大，种类上要求全，而且他更加关注这些书应该怎么写，怎样才能让孩子们乐于学习。真正的教育家就是这样——他们始终都重视从受教育者的角度考虑问题。如果单单从教育的内容，甚至是教育者自己的意图出发考虑问题，那不是真正的教育家。

那么如何来实现“乐于学习”呢？兴趣是最好的老师——

陶行知深知这个教育规律，他结合自己“手脑双挥”、“知行合一”等教育理念，提出了“玩科学把戏”的口号。科学，在很多人看来很神秘，特别是知识水平不高的人看来，科学似乎是“高不可攀的亲戚”。但是陶行知很了解孩子的心理，知道人们获得知识，进行发明创造，最根本的是出于好奇的心理，有时甚至是为了好玩。“玩科学把戏”，陶行知希望教育能够回归求知欲本身，让孩子在玩乐中去学习，去思考，去获得知识，去养成科学的头脑和双手。

光有好的想法，如何才能实现呢？如何才能编写出指导孩子们“玩科学把戏”的有趣科学书籍呢？陶行知遵循一贯的方式，那就是到实践中去寻找：作者在写书之前，先自已玩一玩“科学的把戏”，作者先自己进行观察、制作、实验，将这些过程、结果还有思考记录下来，就成了书籍的主要内容。作者不光要自已玩，还应该让孩子们一起参与到玩的过程中来。这些编书的专家们，经常到学校里，把“科学的把戏”玩给孩子们看，还让他们亲自动手试一试，把孩子们的动作、表情、问题记录下来，作为编书的参考。

为了克服“照搬洋书”的通病，陶行知还强调，科学知识是世界的知识，但获得知识的途径一定要符合中国的情况，实验的对象、材料，应该是身边容易寻找的材料，使用的插图要描绘国人易于理解的事物。这样写成的书，就不是生搬硬套，而是作者的心得体会；这样传达的知识，是从实践里获得的知识；这样的“把戏”，是人人都能玩的“把戏”。陶行知相信这样的科学丛书才是好的书，才能帮助国人提高科学素养，增长科学知识。

陶行知不光用自己的理念去主持这样一套丛书的编纂，他自己也参与写作，自己动手做实验，因为他本身不是科学方面的专家，很多东西都是从头学起，边学边写的。他先后编写了《儿童度量衡》《空气的科学把戏》《肥皂的把戏》，还和长子陶宏一起编写了《儿童科学指导》《儿童天文》《儿童卫生》和《儿童数学》。

1931年9月18日，日本在中国东北制造了震惊中外的“九一八”事变，开始进行蓄谋已久的侵华战争，东北告急！中华告急！

“九一八”事变之后，国内的情况变化莫测，在政治斗争中，蒋介石的势力处于下风，以孙科为首的势力占据上风，最终迫使蒋介石下台，孙科组织成立了内阁，掌握政府职权，而冯玉祥、阎锡山等蒋介石的对头又重新抬头。

冯玉祥知道蒋介石关闭晓庄、通缉陶行知都与自己有关，因此重新出山后就立即写信给孙科，请他撤销对陶行知的通缉，并且解除对晓庄师范的禁令。孙科同意了冯玉祥的请求，很快政府发布通告，解除了对陶行知的通缉，并且还将他纳入“国难会议会员”之列，颁发了《国民政府聘书》。历时一年零九个月，陶行知终于又获得了自由身！

重获自由，重正名声，不必再躲躲闪闪，可以光明正大地走在大街上，陶行知当然是非常欣喜。他又可以像在晓庄时一样，一身粗衣，赤脚草鞋，自由自在地走路。有一天，他光着脚穿着鞋子到豪华的国泰大戏院去看戏。这里出入的多是社会名流，个个衣冠楚楚。检票员一看陶行知的寒酸模样，就挡住他，说不穿袜子不让进，陶行知也不和他争辩，他心中自有计较，安心地等在门口。不一会儿，一位脚穿凉皮鞋的摩登女郎检票进门了，陶行知便走上前去和检票的理论，“她不也光着脚，没穿袜子么？你怎么许她进，不许我进？”检票员无言以对，只得让陶行知进去了。

从这件小事可以看出陶行知的机智，但更应该看到他对民主平等的重视。国民政府解除了对他的通缉，他开心吗？自然是开心的。那他对国民政府，或者说对签署政令的孙科感恩戴德吗？对聘任他为“国难会议会员”激动不已吗？陶行知的行动告诉我们他是清醒的。看到国难会议会员的名单，他指责说其中尽是名人，“国难会议”成了“名人会议”，而没有农民工人的代表，这样的会议还是“快开快散”！可见陶行知自始至终都是站在国家和人民的立场上，对于那些华而不实的“政治花腔”毫不买账。

自己重获自由，他也并不对政府感恩戴德，因为那自由本来就是他的。他一心从事教育事业，却受政治斗争波及，被污蔑，乃至被通缉，流亡国外，晓庄也因此而夭折。又因为一朝政治变幻，重获自由，就应该感恩戴德吗？当然不需要！然而很多人却不懂得自由和正义价值的永恒，在打压迫害中扭曲了自己对自由和正义的认识，甚而对迫害者感恩戴德，这是没有骨气的表现！

当然，最令陶行知振奋和欣喜的是对晓庄的封锁也解除了！“九一八”事变对他的震动很大，他越发地感到“教育救国”的迫切性。陶行知心中马上构建起了恢复晓庄的计划：第一步先恢复晓庄周围的6所小学和6所幼稚园，并且可以将科学教育普及到这些学校中；第二步，开办暑假学校，招收全国各地的教师，目的是培养各地的科学教育老师，这样就可以尽快地将科学教育普及到全国去；第三步，全面恢复晓庄师范，并充实初中、高中、大学各部，还要增设研究所，让晓庄成为乡村教育和儿童自然科学教育的基地。

计划一出，陶行知就如同加满油的发动机，又飞快地转动起来，一方面指导学生去接收晓庄，一方面各处奔走，极力筹集资金。

就在陶行知为教育事业奔走时，国民政府当局的闹剧又再次上演——孙科上台28天之后就宣布下台，这是因为蒋介石等政治势力暗中阻挠孙科，对他的施政百般掣肘，以至于他25天之内三次辞职，最终，宣布下野，而蒋介石再次执掌政权。

在政治昏暗、内忧外患的旧中国，个人的命运总是在时局的旋涡里飘荡不定，时而冲上风口浪尖，时而卷入谷底深渊。陶行知和晓庄的命运就是如此！不到四个月晓庄再次被封，当局派兵入驻，赶走了前去接收的学生。

也许是陶行知经历过一次风浪，已经对当局有了清醒的认识，对晓庄的命运有了充分的估计和设想，晓庄的再次被封并没有引起他的强烈反抗。这不是麻木了，也不是逆来顺受，而是斗争经验丰富了，与其将精力花费在与当局的纠缠或是情绪的宣泄上，不如寻找新的突破口，继续前行。

这种寻找早在陶行知刚从日本回来，在《申报》期间就开始酝酿了……

1932年5月21日起，陶行知以“不除庭草斋夫”的笔名在《申报》上连载《古庙敲钟录》。在这篇寓言小说中，他构想了一个非同一般的“古庙学校”，它是一个学校，但“必是一个有生命的学校。在这个学校里是有生命的潜伏，有生命的自由，而且是有生命的奋斗。它虽是一个小学堂，但同时是一个小工场，又是一个小社会。学堂的主要意义是长进；工厂的主要意义是生产；社会的主要意义是平等互助，自卫卫人”。陶行知构想的这个学校超出了一般意义的学校，因为它将“学校、工场、社会”融为一体了，这践行的正是“生活即教育，社会即学校”的教育思想。于是陶行知给这个独特的学校起名为“工学团”。

陶行知打定计划，就到朋友师生中间去宣讲他的“工学团”，一开始大家觉得这个名字很新奇，不知陶行知又在翻什么新花样。陶行知不慌不忙地解释道：“什么叫做工学团？工就是做工。工以养生，就是教人民大众生产劳动来养活自己，不游荡闲散，依靠别人。学就是科学。学以明生，就是教导人民大众研究社会科学和自然科学，一则明了自己为什么会受苦难，被人欺负压迫，如何才能求得出路；一则用自然科学来增加生产和破除迷信。团就是团结，就是团体。团以保生，这个意思就是教人民大众团结起来，结成坚固的团体来保卫自己的生存权利，如果有什么混账王八蛋来欺负压迫老百姓，咱们老百姓就起来和他干！”

经陶行知这么一讲，大家明白工学团是怎么一回事了，可是有的人就问了，这样一个工学团怎么办起来呢？

陶行知胸有成竹，说道：“要办工学团，富足的资金是拿不出来了，更别指望民国政府，我们只能自力更生。中国现在就是一个穷国，在穷国里只有办穷教育，工学团就是要在穷国用穷办法办穷教育，闯出一条生路来！我们没有房屋器材，就自己造，就地取材，因地制宜。我们可以去寻找废弃的，或是不经常使用的公共建筑物，租借过来作教室。搞实验农场也不用买地，与开通的农友一起合办。借荒地作运动场，桌椅板凳开始可以自己带，等我们的工学团办起来之后，我们完全可以自己造，以后我们将可以自己造出更多的东西来！”

听了陶行知这一番描述，大伙儿不禁摩拳擦掌，跃跃欲试，但也有的人心里打鼓，这样一个从未有过的“工学团”真的能办起来么？不过担心归担心，在陶行知带领的团队里，为着同一个目标，同一个梦想，大家都互相鼓励，互相帮助，更有陶行知领航开路，即使再艰难，终究是会付诸行动的。

事实证明，担心不是多余的，第一步寻找校舍就遇到各种困难，人们分头行动都是无果而归，他们七嘴八舌地向陶行知述说困难和委屈：

“乡村农人不大明白什么是学校，在他们的生活里，没有感觉到学校的需要。所以有的农民听到办学校就摇头不理。”

“没有一个熟识的人给我们介绍，初到一个乡村里去，总怀疑我们是外地人，方言又听不懂，也就没法沟通。”

“唯亭五里路外的一个村庄，曾有土匪光顾过，一听我们是从上海来的，格外地害怕，因此更谈不到租房屋办学校的事情了。”

“乡村空着的房屋不多，古庙虽有，但里面供着菩萨，不愿办学校。有的还驻着兵，更不用说了。”

……

陶行知耐心地听完各人的汇报和诉苦，也不发愁，而是提醒大家要换一个角度来看这些问题和困难，他说：“农民们没有感觉到学校的需要，这恰恰说明他们是需要学校的，需要一个让他们睁眼看世界的窗。乡村受到土匪的侵扰，我们的工学团不正是要发动大家团结起来自卫卫人吗？听你们反映的这些问题，我更感到工学团的必要了，也更清楚工学团未来可能发挥的巨大作用了！”

听了陶行知这一番分析，大家豁然开朗，一扫脸上的阴霾，心底又重新燃起了干劲。就这样不断地寻找，不断地失败，再不断地寻找，一转眼两个月过去了，就在大家愁眉不展的时候，王作舟带回了一个好消息：

“我顺着沪太汽车路向大场出发，在离大场三里不到的地方，远远看去，有一道深红色的墙，掩映在树林里。心里想，这是古庙吧！我且看看去。因为上海庙宇的墙都是粉着老红色的，一眼就可以辨认出来。我近前一看，果然是一座孤庙。它建在一片平坦的草地上，门前的场地很开阔，还有几棵大树枝杈交错着，一条河浜横过庙前，四面罗列着许多小村庄。”

大家听了他这一番描述，都被那景色给深深地吸引了，迫不及待地问他能不能借用这座庙，王作舟继续说：

“庙里住着一个老头和一个老太婆，我和他们攀谈起来，得知附近没有学校，我就把来意向他们说明，他们倒是很欢迎——与其说是欢迎下乡办教育，不如说是欢迎我们去跟他们作伴吧！”

众人听罢一阵欢笑，有人说“作伴就作伴，他们当我们作伴，我们办我们的教育，还是一举两得的美事咧！”陶行知却提醒大家说：“看样子这个庙很可能是几个村庄共有的，看庙的老人虽然答应了，庙的主人是不是欢迎我们呢？”

当时正值中秋临近，几个人便拎着月饼到庙里去，老太太把他们带到一位姓陆的人家里，晓庄的人对姓陆的人说：“我们想借贵处的旧庙办学校，庙是地方上公共的，办学校也是为着地方上公益的事情，顶好大家出来提倡提倡，大家出来商量商量，可不可以办学校。”

那人道：“办学校是好的，庙是七个会社公有的，大家商量过，我们要留着自家办学校。”

大家都猜到其中有名堂，但也只能虚应道：“自家办学校，那是格外好了！”便告辞了。后来听一个农友说：“庙堂里办学堂，会吵得菩萨老爷不安宁，那是有关一乡兴衰的，学堂还是不办的好。”大家这才明白真正的原因，回去把情况告诉了陶行知。

陶行知有了晓庄办学的丰富经验，早已料到这个情况，他耐心地安慰大家：“我们在晓庄遇到的困难不是都与这一样吗？难道比这小吗？最初的时候，农友对我们同样存着敬鬼神而远之的态度，很少有主动与我们亲近的，合作办事更加谈不上。我们想在松树营办一所小学，费了多大的劲？三元庵、万寿庵、和平门那些中心小学，哪一所是轻而易举办成的？万寿庵小学是因为有农友介绍我们去，不然也不肯；和平门小学办在清真寺，不还是通过乡绅转租给我们的吗？最费劲的三元庵小学，十六年那年，也是现在这时候，九月里，我们与当地人接连谈了四五次都不肯，他们说：‘你们是教洋书的，你们不会念四书五经吧？’还有的说，‘我们有私塾，不要进学堂’，或是‘你们学堂里要穿好衣服，我的小孩不能进’，有的怕我们去拆菩萨像，总之不肯信任我们。也不奇怪，因为他们对我们不了解嘛。可后来，才多少日子，他们的态度就变了；晓庄周岁的时候，他们又是什么态度？又敲锣打鼓又送匾，比过年还热闹。我们举行联村运动会，来参加表演和比赛的农友有八九十个！后面那两年就更不用说了。所以只要能让我们有个立脚之处，我们就一定能改变一切。”

陶行知这一番话想必是勾起了他自己对晓庄岁月的无限回忆，艰难困苦积累了他办学的经验，更成为他的人生财富。

大家听了陶行知这番话，再次鼓起了信心，既然出现了这样一个机会就不能放弃，因为下一个机会的出现不知道要等到什么时候了。一旦有了行动的决心，大家就开始积极地动脑筋、想办法了。有个人说："不如我们先在当地租一间民房，先把学校办起来，让他们了解我们，这样就可以打开局面了。"陶行知和大家都觉得这是一个好办法，值得一试。

于是他们以20元的价格租到了古庙附近的两间民房，带着行李、炊具就搬了进去。可是，怎么样才能吸引村民的注意，尽快和他们建立友谊呢？有人提议说："我们不是有一台募捐来的留声机吗？可以把这玩意儿带上，播放音乐，不就可以引起大家的好奇吗？"大家纷纷表示赞同。

这时又有人说，"不光要引起他们的好奇，我们还可以带上药品，为当地村民治病疗伤，给他们提供帮助，这样就可以很快和他们熟络起来！"大伙儿都说："好办法！好办法！"于是他们又带上留声机，还有阿司匹林、金鸡纳霜、救急药水、纱布、胶布等药品。

很快，两间民房就整理一新，安顿下来，打开留声机，果然，悠扬的音乐引起了附近村民的好奇，一传十，十传百，很快大伙儿都知道来了一群"奇怪"的人，就这样和村民们的交往便从留声机开始了。

之后他们与村民的交往渐渐多了起来，互相之间熟悉了，成为了朋友。村民们明白了他们是来办学校的，就主动地带给他们更多的帮助。热心的村民告诉他们，在离这儿一里多地的孟家木桥，有个姓张的人家，有十多间瓦房，本来是准备给儿子们结婚用的，可是四个儿子连续死了三个，就说那是凶宅，废弃不用了。大家把这个消息告诉了陶行知，他去考察了一遍，最后决定用100元的年租把大部分的房子租下来，作为工学团的团舍，并任命马侣贤为团长，正式办起了工学团，而古庙旁边的民房改为农民俱乐部了。

工学团所在地孟家木桥属于宝山县，而宝山县又在上海境内，陶行知就取宝山之“山”，上海之“海”，将工学团命名为“山海工学团”。

以山海工学团为核心，各种形式的教育机构相继开办了起来，有青年夜校、儿童工学团、幼稚园、妇女学校，还办起了小农场、木工场、藤工场、袜工场、养蜂场、共和茶园、棉花工学团、养鱼工学团……形式各样，规模不一。在山海工学团之外，又开办了萧场工学团、赵泾巷工学团、沈家楼工学团，两年之后终于“攻破”了最初的目标——古庙，成立了红庙工学团！工学团覆盖和影响的范围不断扩大，越办越红火，把这片上海的郊野乡村变成了一片欣欣向荣之地，各种层次的学校满足农民的学习需求，各式工场、农场带给村民工作的机会。夜幕降临之后，再也不是以前的“黑灯瞎火一片暗”了，而是“万家灯火一片明”，俨然小小的都市一般。

就在工学团办得如火如荼之际，陶行知的家里却发生了不幸。

1932年陶行知把家从南京迁到了上海，长子陶宏在自然学园做事，次子晓光也整日泡在自然学园，三子陶刚则加入了山海工学团。陶行知虽然事务缠身，奔波忙碌，但也尽量地挤出时间来陪伴孩子，指导他们。

可是1933年春的一天，陶宏突然失踪了！陶行知得知这个消息后焦急万分，但不敢告诉年迈的母亲。他托朋友们四处打听寻找，却还是不见踪影。陶行知越发着急，后来他灵机一动——莫不是出了事故，住进了医院。于是急忙赶到红十字医院询问，陶宏果然在医院里躺着！

原来，陶宏在路上骑自行车时，被汽车从后面撞倒了，头骨碎裂了好几块，当场就昏死过去，被人发现后送往红十字医院抢救，直到半夜才痛醒，却没办法通知家人。

找到了儿子，陶行知的心情才稍稍安定，然而医生告诉他，照X光片发现陶宏的脑壳里有头骨碎片，按照手术方案需要在头上钻一个洞，将碎片取出，但是手术的风险非常大。陶行知深知其中的危险，他让医生先控制住病情，不要动手术，然后去找了当时最有名的骨科医生牛惠生博士前来会诊。牛医生诊查之后建议他暂时不要做手术，因为风险非常大，不能保证不出生命危险，而碎骨在脑袋里，未必会对身体产生太大影响，加之陶宏还年轻，脑壳上的损伤会慢慢恢复。陶行知听了之后方才放心，采纳了他的意见。

之后，陶行知决定将家搬到上海郊外的法华镇，一方面距离近方便照应家人，另一方面也有利于陶宏的修养。陶宏出院后又在病榻上躺了两三个月才恢复过来。

可就在陶宏康复不久，陶母又突发脑溢血住进了医院，陶行知和陶宏父子在医院守护。夜里陶行知让儿子睡在床上，自己打地铺。夜里，陶母的病情恶化，父子俩感到情况危急，赶紧起身观察，发现陶母的呼吸非常微弱，陶宏忙去叫医生。然而医生还没叫来，陶母便在陶行知面前溘然长逝了。

陶行知给母亲的亲戚发了电报，请他们来帮忙办理后事，回到医院见到陶宏惶惑伤心，心知自己常年在外奔波，儿子多由祖母照料，祖孙情深，如今老人家骤然去世，儿子自然伤心难过，心中不免黯然。但他没有太多的话安慰儿子，因为失去亲人的痛苦是人生必经的痛苦，这种痛苦要自己去抚平，在伤痛中成长。他只说："睡觉，明天再说。"陶宏道："你睡吧，我可睡不着。"陶行知没有更多的话，自己去休息了。

然而陶宏心中却不免对父亲的行为感到困惑，甚至不理解。其实陶行知心中的伤痛又怎会少半分！母亲养育之恩已然重于泰山，即使学成之后，陶行知为了亿万人的教育事业而四处奔走，甚至流亡海外，又对母亲疏于照顾，伤痛、苦楚、悔恨、遗憾，心中五味杂陈。但陶行知是个理智的人，他知道他的牺牲是有价值的，他做的事情使千万人受益，改变了无数个人、无数个家庭的命运，甚至也影响着整个中国的命运。即使不能弥补他对家人的缺憾，但终归是另外一种奉献和付出，更是一种博爱！

第二天，山海工学团、各个学校，以及陶行知的朋友学生送来了花圈，以示哀悼。陶行知动情地对大家说："我的母亲去世，本不想告诉你们，可这是瞒不了的。死了我的母亲，我不想叫许多人倒霉，而想要救活许多人。我不愿你们送些浪费的礼给我，如果有人送钱，我倒是可以收着，因为现在有几个地方，为着经济的窘迫而不能发展。我会用这些钱去解决他们的困难。我是这般打算的。"

他更将原为母亲储备的10年保险费共计1000元取出，用300元买了一架便携式电影放映机，又花了700元买了一架与之配套的发电机，全部赠给了山海工学团。这些行为不免让人想起了当年为陶母祝寿，陶行知也是用礼金支持了晓庄的事业，他始终将个人与众人、与社会联系起来，打破礼俗常规，去做真正有益他人的事情。或许他正是以这样的方式向母亲祭奠吧！

处理完家事之后，陶行知又把精力集中到工作上。山海工学团的蓬勃发展让陶行知既感到欣慰，又措手不及，因为师资缺乏的问题日益突出。按照陶行知原来的设想，工学团可能遇到的问题应该是缺少学生，所以他刚开始对学生的要求就是"没有要求"，只要有心向学，来者不拒。可现在的局面是，学生人满为患，老师却不够了。钱不够了，倒难不住善于募捐的陶行知，然而老师不够，一时半会儿还真"募捐"不到。

不过这个问题并没有困扰陶行知太久，因为很快"天上就掉下老师来了"。

新安小学是陶行知之前创办的一所小学，小学里的七个孩子组织了一个儿童旅行团，在既没有老师带领，又没有家长陪同的情况下，凭自己的能力，旅行到了上海。他们靠着卖书、演讲生活，不仅出入中小学校的课堂，甚至还到大夏、光华、沪江等大学去演讲，非常受欢迎，大学里的教授们说：“几乎把我们的饭碗都打破了！”

陶行知知道了他们的事迹，写了一首小诗来赞扬他们：

一群小光棍，数数是七根。
小的十二岁，大的未结婚。
没有父母带，先生也不在。
谁说小孩小？划分新时代！

如果说儿童旅行团还只是让陶行知看到孩子们行动的勇气，让他模模糊糊地感觉到“新时代”的到来的话，那么下面两件事情则让他看到了孩子身上的巨大潜力。

在工学团开办之前，晓庄佘儿岗的农民们自己办了一个农村小学，这个学校特别之处在于，从校长、教师到工友全部由少年儿童担任，他们自己教自己，自己管自己，于是叫做“儿童自动学校”。陶行知也写了一首小诗赞扬他们：

有个学校真奇怪，大孩自动教小孩。
七十二行皆先生，先生不在学如在。

他把这首小诗寄给了儿童自动学校，学校的小朋友在回信里，不但感谢了陶行知的关心，还对他的诗提出了建议——将“大孩自动教小孩”改成“小孩自动教小孩”，他们在信里说：“大孩能‘自动’，小孩就不能‘自动’吗？大孩能教小孩，小孩就不能教小孩吗？”陶行知接受了小朋友们的建议，同时更让他欣喜的是看到了小孩子的创造力和自信力，他甚至说：“自动学校的小朋友，不是我的学生，乃是我的先生，我的一字师。”

还有一回，陶行知在南通演讲，内容是关于民众教育的，他用一首歌谣来辅助讲解：

做工：不做工，要吃饭，什么人？王八蛋。

读书：要吃饭，不读书，什么人？老母猪。

教人：读了书，不教人，什么人？不是人。

反帝：教死书，不反帝，什么人？狗放屁。

演讲刚结束，就有个小孩对他说：“陶先生，你最好把‘不是人’改成‘木头人’。因为‘不是人’不具体，桌子不是人，椅子也不是人。‘木头人’就给我们一个具体的印象。”陶行知听罢吃了一惊，惊的不光是孩子的聪明与敏锐，更是在小孩们身上蕴藏着巨大的能量，而自己却一直没有发现。

陶行知自此受到启发，教育不光是“大人教小孩”，小孩也是可以教大人的，传统的教育只意识到前半段，对后半段的重要性却视而不见。当初陶行知推行平民教育的时候，他五岁的儿子晓光就成功地教祖母识字，联想到一系列小孩子的表现，陶行知开始对少年儿童的能力与作用重新进行评估，同时转变视角，看到了儿童在普及教育中可能发挥的巨大作用。

1934年1月28日，陶行知借纪念淞沪抗战二周年之机，在儿童工学团大会上正式提出“小先生制”，随即发起了“小先生运动”。陶行知在心中算了一笔账：

一个工师养成所有艺友二百名，指导员十名……首先举行十天或至多一个月的集合指导，然后立刻分成一百队散在一百个村庄里去……假使每个村庄有十个或五个小村，合计有人口五百，一百个村庄约计是五万人。每两个艺友担任八十人之指导，比如是四十个小孩和四十个成人。这八十人每人又指导三人，总共便是三百二十人，五百人之村庄之教育便一举而普及了……十位指导员便能指导二百位艺友，陪着四百位小艺友，四千位小先生，四千位土先生，去创办一百个工学团，普及五万人的生活教育。再运用细胞分裂的方法，全县的生活教育，少则二三年，多则五六年便可以普及了。以此类推，一省、全国的生活教育，少则三四年，多则六七年也就普及了。

陶行知喜欢制订计划，并且善于把计划分成具体而微的一个个小计划，一步一步地完成这些小计划，最终就实现了整个宏伟的计划——这是“行动巨人”具有的良好品质，也是他们实现宏伟目标的“法宝”。

有了详细的计划，陶行知立即马不停蹄地开始奔忙起来，我们仿佛又一次看到了那个推行平民教育时的陶行知。他先去浙江杭州、萧山，然后是苏沪一带的南通、无锡、淮安、南京、松江，再北上天津、济南，再转去九江、汉口等地，足迹所到之处，就是小先生运动所到之处，几乎每场讲座都爆满，社会各界对教育问题的重视和关心也可见一斑。

除了宣讲和推动小先生运动，陶行知仍然坚持他身体力行、脚踏实地的做法，随时随地地发展“小先生”，普及教育。因为只会抬头仰望星空，而不会脚踏实地前进的人，永远也到达不了理想的目的地。

有一次，陶行知在电车站遇到一大群报童，他眼睛一亮，这不正是一大群“先生和学生”吗？于是走上前去跟他们聊起来：

“你们把报卖给别人看，自己也能看报吗？”

小孩们把头摇得像拨浪鼓似的，说道：“看不懂。”

“读了书，就会看报，你们愿意读书吗？”

“愿意的，可惜没有人教。”这些孩子饭都吃不饱，哪里还有钱去上学啊，但是他们都有一颗向往学习的心。

陶行知说："那我请一位先生来免费教你们，好不好？"

孩子们一听，欢呼雀跃，急问："先生哪一天来？"

"说来就来。你们早报什么时候卖完？"

"10点钟。"

"晚报什么时候卖？"

"5点钟就要去贩报来卖。"

"你们要读书，总得要找一个地方。哪家的房子大些，可以去借借看。"

有小孩提议说："吕公义家里大些，和他妈妈说说看。"

陶行知为孩子们的热情感到欣喜，接着说："读了书，要教人。我请先生来教你们，你们还要教家里的人和邻居的穷孩子，愿意不愿意？"

"愿意的！可是不会教人怎么办？"

陶行知笑呵呵地说："读一课，教一课，怎么不会？如果真的不会，请教先生。"

孩子们一下子叽叽喳喳地吵闹起来："好的。我教妈妈好不好？……我教小妹妹行吗？"

"行！都行的！每个人教两个人。一面温书，一面教人，把别人教会了，自己的功课也温熟了。一弹打中两只鸟，对不对？"

"对！一弹打中两只鸟。"

陶行知把报童们聚到一块儿，让他们自选了一个团长，派了方友竹去做"大先生"。吕公义的"大"家其实也只有一间屋子，一家老小吃住都在里面。不过吕公义的母亲很支持，说穷人家的孩子一辈子也没指望过读书，他们能来教很难得，于是和大家一起把堆着许多破烂的家收拾干净，腾出地方做教室，“卖报儿童工学团”就这样在一间陋室里诞生了。

还有一次，陶行知晚上路过郊野外一处桥边，看见一帮车夫待在那里无所事事，就走过去和他们闲聊起来：

“你们这样夜深了还在这里做什么？”

车夫答道：“等种花的人送花来，拉到上海去。”

“天天在这儿等吗？”

“是，天天来。”

“那从什么时候等起，等到什么时候？”

“从晚上10点，要等到11点，12点必须拉到上海去。”

“你们一共有几部车？”

“二十部。”

“你贵姓？姓什么？”

“我姓王。”

“王大哥，我去请一位先生，天天晚上在桥边教你们认字好不好？”

“欢迎！我们一到这里就认，等到花来就歇，每晚可以认一个钟头咧。”

一个野外夜校就这样建立了。

每隔一段时间，还会举行小先生运动的成绩报告会，会议的主席、主持、记录都由小先生们担当。主席首先得报告开会的宗旨，而后听取各位小先生的汇报，他们争先恐后地上台，把他们教人学习的过程得意地讲给众人听。

小先生马金文报告说：“我所教的学生是邻居小朋友阿狗弟，还有一位林老伯伯。他们起初不愿学习，后来我告诉他们认了字可以看山歌和笑话书，多好啊！他们才愿意学习，而且怪用功。见我放学回来，总是拉着我去教他们。”

小先生陈子祥报告说：“我教张家伯伯，他已经四十多岁了。人是十分老实，我起初要他读书，他不肯。他说自己年纪已经老了，活又忙，没有工夫读书。但我劝他说，四十岁并不大，读了书至少钞票能看得懂了，不至于吃别人的亏。他才明白识字的重要，就很愿意学习了。”

小先生钮廷构报告说：“我教我家佣工小二，但我母亲不愿让他读书，说是会耽误做工。我同母亲吵，一定要他读，如果不读，我就不吃饭。母亲怕我不吃饭，拗不过我，才同意的。现在小二能认识四十多个字了。”

小先生陈才林报告说：“我教三十岁的方大叔，他是卖货的，平日里自己不识字，但有自己的办法记账。就是别人买了一样东西，就画一个类似的记号，比如买了十个鸡蛋，就画十个椭圆形表示。不过这些符号只有他自己能看懂。他的小儿子不知道这是账本，有一天在上面画了许多杠杠，他回来看到了，说今天谁买了这么多萝卜和大蒜头？为此他和家里人吵起来了。他从此觉得还是写字记账好，所以我去教他，他很欢喜。”

但小先生也不全是顺利的，有的就报告说："我去教他们，他们笑我，还骂我说，'先生教我书，我教先生做乌龟。先生教我字，我教先生炒饭子。'我真不好意思教他们，难为情死了。"

还有的说："他们跟我开玩笑，说'先生先生，撒污撒到南浜，两只黄狗相打，溅这先生一屁股泥浆。'我真不再教人了。"

还有的是家长不以为然，"我的阿妈骂我，说我多事。"

遇到这样的情况，"大先生"——工学团的辅导员就会给孩子们一些安慰，并教授他们一些方法，更好地与自己的学生和家长沟通。孩子们互相之间也会交流经验，很快他们的信心就会再次高涨起来——这也是孩子优于成人之处。

1935年，"小先生制"诞生快一周年了，陶行知看到遍地开花的工学团、夜校和小先生教读处，心中感慨不已：

小先生之怀胎是在十一年前。难产啊！到了1934年才出世。奇怪得很，他一出生就是一个英勇的战士。在这十一个月当中他已经攻进了二十三省市！

然而，一方面是小先生运动的蓬勃开展，另一方面，自"九一八事变"之后，日本侵略者的狼子野心日益暴露，他们并不满足东北三省，对华北乃至整个中国虎视眈眈，而国民党反动派却还陷于内斗，还在忙着迫害共产党人和进步人士。中华民族的命运已岌岌可危、势若累卵了！

陶行知明白不能只埋头搞教育救国了，他的心中开始酝酿另外的救国之策……

五、宣传抗日游列国

1935年12月9日，北平正是寒风凛冽、滴水成冰的冬季，但寒风阻挡不了千万爱国学生的热情。他们正举着旗帜，大声呼喊着口号，举行游行示威："打倒日本狗！""打倒卖国贼！""全国武装起来，保卫华北！""停止内战，一致对外！""立即向日本宣战！"

日本自"九一八事变"占领中国东北之后，又将侵略的魔爪伸向了华北，策划了一系列侵犯和蚕食华北的"华北事变"，收买汉奸，威逼利诱，紧锣密鼓地策划"华北自治"，阴谋成立"华北国"，进一步扩大对华侵略和占领。然而，蒋介石领导的国民党政权并不吸取东北沦陷的教训，无视民意，一方面对日本侵略者采取妥协退让的政策，另一方面镇压迫害抗日进步人士。

"华北之大，竟容不下一张安静的书桌！"在这危急时刻，中国共产党发起和领导了震惊全国的抗日示威游行，这就是发生在1935年12月9日的"一二九运动"！

上海文化界人士为了声援北平学生的示威游行，发表了《上海文化界救国运动宣言》，陶行知参与其中。半个月后，陶行知又参与组织召开了“上海文化界救国会”，大会通过了由陶行知起草的《第二次宣言》，宣言抗议政府出动军警，摧残爱国救亡运动，呼吁“停止内战，一致对外”，上海及全国文化界人士担负起时代的任务。

随即一个更宏大的运动已经在陶行知胸中酝酿成形，他要开展一个“国难教育运动”，要联合学生、老师与各界救国会通力协作，造成救亡图存的大局面。他发起组织了“国难教育社”，起草了《国难教育方案》，为“国难教育运动”拟定出实施纲要，并发表演讲进行宣传。他在演讲中说，“我们今天损失的国土，有蒋介石先生老家浙江省二十八个大”，不仅对蒋介石的不抵抗政策表达了不满，更将国运之危急表达得淋漓尽致！

不过陶行知清楚，光有宣传还不足以让运动发挥最大的作用，还必须要联合有军事实力的军阀，争取最大程度的全国统一抗日，这样才能让“国难运动”真正地产生实际作用。于是他将目光投向了坐镇广西的李宗仁，他要到大西南去做救亡抗日的工作。当然，他还有考察普及教育的目的，世界教育大会即将到来，陶行知受邀前往英国参加，他要为此做实情考察的准备。

经历这么多年的普及教育运动，特别是在工学团运动中，陶行知越来越深刻地认识到大众的力量，人民的力量，因此他不像有的知识分子那样脱离群众，而是时时刻刻站在劳苦大众的立场观察和思考。他的思想立场在与胡适论诗这件小事上有着生动的反映。

在陶行知去广西前不久，胡适也有一次广西之行。胡适在由桂林飞往梧州的飞机上作了一首小诗，题为《飞行小赞》，后来发表在上海的一家报纸上。诗的内容是：

看尽柳州山，看遍桂林山水，

天上不须半日，地上五千里。

古人辛苦学神仙，要守百千戒。

看我不修不炼。也凌云无碍。

陶行知看到这首小诗后，批评说作这样的诗是“害了贫血症的文艺”，“它是一幅天马行空乐图，也可以说是一幅现代仙人逍遥图。它只是一位有闲华人自摄的安享小照。我们的诗人的想象力没有跳出他所整理的国故和所乘坐的飞机。你看在那半日的时间和5000里的空间里，他只看见了他自己一个人……”

对于个人情感的理解和表达，人人不同，这首诗表达的是胡适个人的情感，无可厚非。不过陶行知从他的角度对这首诗提出的批评也是中肯的，表达了他对文学和艺术的思考，不仅仅要表达个人的感受，更应该超脱一己之身，要想到更多的人，表达更广阔的思想。

批评往往是容易的，而创作则很艰难，如果仅仅是提出批评而不能创作，对一个高明的批评家是不够的。陶行知堪称一位高明的批评家，他不仅批评胡适的诗，还自己创作了一首表达自身思想的新作：

流尽工农汗，还流泪不息。
天上不须半日，地上千万滴！
辛辛苦苦造飞机，无法上天嬉。
让你看山看水，这事倒稀奇。

与胡适的诗相比，这首诗一下子凸显出陶行知对社会不公的愤慨，对广大劳苦大众的同情，他数年致力于教育事业，包括此次广西之行，正是要以自己的实际行动与努力，为劳苦大众争取教育、自由与平等，让他们免于被压榨被欺凌的境地。

陶行知到了广西便马不停蹄地忙活起来，不但与当地政要会晤，商谈联合抗日的事宜，还到各地参观、考察和演讲，有时候一天就有三四场演讲。陶行知到邕宁县的幼稚师范学校演讲，这里的学员都是女生，她们看见陶行知来了，都上前向他提各种问题，里三层外三层，围得水泄不通。她们的热诚真挚，她们对教育的热心和激情，让陶行知不由得想起了晓庄的学生们来。他希望能从容地与这些学员们交流，就提出找一处宽敞的地方坐下来聊。

陶行知

于是大伙儿来到学校门外，这里有六七棵大榕树，树下有几块古碑，大家或坐或站，错落地围在陶行知身边。临时主持人一番介绍之后，陶行知做了个简短的开场白，然后就让大家提问。

或许是没在这种场合说过话，第一位提问的学员反倒有些紧张起来，不提问则罢，一提问题语速极快，仿佛爆米花一样从嘴里蹦出来。陶行知不觉笑了出来，这一笑让有些拘谨的氛围一下子轻松起来。这第一个问题是，怎样才能成为一个前进的青年。陶行知有心让气氛自然随和一点，于是也续着提问者的语气，干脆利落地回答："跟前进的人做朋友。"

"可是前进的朋友上哪儿去找呢？他又没有招牌挂在脸上！"一见陶行知如此平易近人，幽默风趣，学员的胆子一下就放开了，又回到刚才那热烈的氛围中去了。

陶行知觉得这些青年很上进，充满青春活力，很是欣喜，答道："听他讲的是什么话，看他干的是什么事。"

"在我们近旁的人，固然可以去听去看，但如果想要寻找远方的前进朋友，想要多寻几位前进的朋友，那又怎么办？"

"像蚂蚁寻蜜糖一样去找。"

"我们又不是蚂蚁，怎么去找？"

"跟着气味去找，那气味是在前进的文章里。看前进的杂志，要不断地看，不断地寻找，总会找到的。"

……

谈话就在越来越轻松活跃的氛围里进行，不知不觉已经日薄西山。眼见天快要黑了，陶行知方才与学员道别，坐着一只小船回去。

陶行知还受邀前去军官学校和党部演讲，他在演讲《中国的出路》中表达了自己几天以来在广西的观感：

行知这一次到广西来，自己觉得到了真正自由平等的中国来了。我们在上海平津一带甚至于连“抗日救国”这四个字都不好说，要说就要秘密地说，不然就要给帝国主义者或者汉奸的政府逮捕暗杀——压迫到十八层地狱中去，到广西才算是爬出地面来了。一会儿从地底爬出地面，看见了光面的太阳，呼吸些新鲜空气；你想想看是多么愉快呢！

他还直指南京政府在抗日运动中的汉奸行为，甚至将矛头直接对准了蒋介石本人：

南京政府不抵抗，把美好的国土一片片地丧失，一面还厚颜与敌人杯酒言欢，高谈亲善，无耻何极！对国人始终说假话，不承认不抵抗，而美其名曰准备抵抗！最初说准备二十年，十年生聚十年教训。记得“九一八”后有许多学生跑到南京去质问军事领袖，领袖说：“你们不要急，看我三年内把东三省拿回来！如拿不回来砍我的头！”学生们被他哄了一下就回去了。现在已经四年了，东三省还在日本手中，这位领袖的头仍然还在肩上。

陶行知在广东和广西的活动，得到了执掌两地军政大权的陈济棠和李宗仁的大力支持。蒋介石对日本实行不抵抗政策，对内则处心积虑地要消灭共产党和国民党内反对自己的势力，而陈济棠和李宗仁正是国民党内反蒋的代表人物。陈李提出“焦土抗战”的口号，一方面要求全国联合坚决抵抗日本侵略者，另一方面也是对蒋介石打压的反抗。陶行知在“一致对外，抵抗侵略”这一点上与两广领袖的立场是一致的，因此他也不过多在意政治斗争，而是利用这个契机，争取抗战力量。

不久，陈济棠和李宗仁等人联合发动了“两广事变”，将两广军队改组为“中华民国国民革命抗日救国军”，通电全国，名为“抗日”，实为对抗蒋介石中央政府。蒋介石也不甘示弱，派军进逼湖南，双方在湖南对峙，但最终未发一枪一弹，以双方的妥协和解而告终。

“两广事变”虽然是国民党内部派系的一次斗争，但在客观上造成了全国抗日救亡运动的蓬勃发展，抗日逐渐成为了全国各界的共同焦点，而这正是陶行知希望看到的局面，他的两广之行也为造成这样的局面作出了贡献。

1936年7月11日下午，在香港湿热的夏日里，陶行知登上了哥夫号远洋客轮，前往英国参加世界新教育联合会，连月奔忙的他此时终于有了空闲下来，有时间好好思考一下即将参加的盛会。

世界新教育联合会创立于1915年，它的主旨是为教育新观念提供交流与研究的机会，它的理念是“把教育视为创造新世界的一种工具”，这一理念也正是陶行知秉持的教育理念。这一年的会议在英国伦敦几十里外的一个小镇召开，来自全世界五十多个国家的两千多位代表将齐聚英伦，探讨世界教育问题。

想到这样的盛况，陶行知心中不免激动，甚至童心陡起，觉得自己仿佛回到了小孩子时代，“每一个小孩子都喜欢到外面去看看”。他也可能想起了二十年前赴美求学的时光，而如今又是一轮新的出洋学习，“世界是一个大学校，我要钻进去上课。我要在世界大学里去做学生。”

不过如今的陶行知是经过无数历练的陶行知，曾经的梦想和抱负如今依然闪闪如北极星在指导他前行，同时他更加清楚中国的现实，更明白中国处境之危急。可以说陶行知现在不是自己的“陶行知”了，他时时刻刻心怀劳苦大众。此刻他也不忘反思自己的想法：“花费这许多人的血汗钱，就是要自己看看世界吗？我不问你别的，只问你有什么东西带回来？带来给中国大众？带来给中国小孩？”如此一问，陶行知便陷入深思之中了。

中国受邀参加世界新教育联合会的共有三人，除了陶行知，还有南开大学的张彭春和中山大学的崔载阳。崔载阳没能成行，张彭春则在陶行知之前抵达，因此被定做中国代表在大会发言。陶行知虽然不能在大会上发言，但也没闲着，他利用会议的间隙，向各国代表介绍中国教育与抗战救亡运动。

后来大会主席给了陶行知一个临时发言的机会，陶行知抓住这个难得的机会，向大会作了《中国救亡运动与小先生普及大众教育运动实践情况》的报告，介绍了中国的国情，中国的教育家如何以“社会即学校”的办法解决大众教育问题，如何以“小先生”制来解决大众教育的师资问题，又如何以简化汉字促进大众教育的普及，如今更如何在抗日救亡的旗帜下，为争取民族解放的大目标服务。

陶行知的激情演讲赢得了代表们热烈的掌声，尤其是“小先生”的方法引起了一些经济落后教育不发达国家代表的兴趣，印度代表当即就邀请陶行知访问印度，考察印度教育状况，指导普及教育。陶行知愉快地接受了邀请。

为了更广泛地宣传中国，陶行知不等新教育大会结束，便匆匆退席，经巴黎转去比利时参加在布鲁塞尔举行的世界和平大会。在巴黎，陶行知与钱俊瑞和陆璀会合。钱俊瑞作为世界反法西斯委员会副主席宋庆龄的代表，前去参加世界和平大会，而陆璀则是中国学生联合会的代表，她将同陶行知一起到英美各国去宣传中国的抗日救亡、民族统一战线及国际反法西斯统一战线等主张。

陶行知和陆璀先到瑞士的日内瓦参加青年和平大会，一到日内瓦，两人也顾不上休息，陶行知便指导和帮助陆璀准备大会发言，向她传授演讲的“秘诀”，帮她设计如何在5分钟的演讲时间里简明扼要地介绍中国的抗日救亡情况，如何感动听众获得认同。第二天的会议上，陆璀果然不负陶行知的期望，悲愤的发言揭露了日本侵略者的暴行，引起了代表们的共鸣，5分钟的演讲两次被掌声打断，演讲完毕后的掌声更是持续了约3分钟之久！

次日，他们又“转战”比利时，陶行知与代表团成员们一起起草了《告和平与中国之友书》，呼吁各国人士遵照国际公约，制裁侵略，援助中国的民族解放运动。大会闭幕时，陶行知还起草了《致大会主席的一封信》，邀请国际和平会议派代表到中国去考察，大会接受了邀请，当年年底就派出代表访华。

陶行知在欧洲期间，抓住一切可以抓住的机会，利用一切可以利用的时间，为中国争取几乎每一个可以争取的朋友，宣传中国的抗日救亡，宣传中国的教育和中国人民的努力，在国际舆论上引起了瞩目，为中国抗战赢得了舆论上的优势。

他当然也不忘学习，后来工作稍微轻松一些了，有了富足的时间，陶行知参观了卢浮宫、凡尔赛宫、国家戏院、巴黎圣母院、埃菲尔铁塔、巴士底狱等名胜，他还在伦敦查阅了培根、布朗宁、拜伦、卡莱尔等人的著作目录，并进行了大量的阅读。他拜谒了位于海德公园的编号为24748的公墓，这方小小的坟墓里埋葬的是伟大的革命导师——马克思。陶行知在拜谒之后写了一首《马克思墓》：

光明照万世，宏论醒天下。二四七四八，小坟葬伟大。

陶行知在教育运动中越来越体悟到民众力量的伟大，越来越认同马克思主义者的观点，因此在这位伟大导师的面前，他的敬意油然而生，挥笔写下了这首浅显而真挚的赞美诗。

陶行知在欧洲期间，每星期都会给国内的青年写信，与他们交换行动信息，保持国内外的行动一致。他也会把旅途中的点滴感受同他们分享。他说，有一次在德国乡下和老百姓谈话，开始德国老百姓以为他是日本人，当得知他是中国人，那德国人很高兴，诅咒日本法西斯和希特勒一个鼻孔出气，奴役和掠夺全世界人民，连德国国民、日本国民也在内。他很高兴地告诉我们，德国人民反对希特勒魔王。陶行知不无感慨地说，即使在法西斯国家里面，也有我们的战友！

结束了欧洲之行，陶行知又登船赴美，这是他在美国完成学业之后第一次回到美国，这一次到美国他身负更重要的使命。

第二次世界大战的火药味越来越浓，德日法西斯势力不但进行军事侵略，更在国际上制造各种外交阴谋，特别是在中立的美国。美国当时是世界强国，但并未卷入亚欧的军事冲突当中，于是成为各方积极拉拢争取的对象。美国趁此大发“战争财”，自抬身价，扩大国际影响力。

外交场是没有硝烟的战场，陶行知赴美，就战斗在这没有硝烟的战场上。他先后到哲学会、女青年会、红十字会俱乐部、中央护士俱乐部等处演讲，还回到了自己的母校——哥伦比亚大学师范学院进行了演讲。除此之外，他又去拜访了杜威、孟禄等美国大学者，接受记者访谈，呼吁美国社会与中国共同为和平而努力，支持中国抵抗侵略。

正当陶行知在美国为中华民族奔走呼号的时候，他居然再一次被国民政府通缉！

事情得从鲁迅的逝世说起。1936年10月19日，伟大的思想家鲁迅永远地停止了他的思考！在鲁迅出殡的那天，学生、民众自发前来为鲁迅送葬，街上到处可以看到臂上缠着黑纱、脸色凝重的人。他们或举着挽联，或远远跟随那覆盖着“民族魂”旗帜的灵柩一起走。鲁迅的逝世引起了社会各界的震动，也让他的精神越发熠熠生辉，在这国运危急、社会黑暗中越发引起人们的思索，指引人们冲破“铁屋子”的束缚，发出呐喊，争取民主自由！

送葬的队伍越来越大，后来租界和国民政府还出动了军警，名义上是“保护”，实际上是阻挠。不知是谁带头，大家唱起了悲壮的挽歌和救亡歌曲，进而高喊打倒日本帝国主义、打倒汉奸的口号，送葬变成了抗议政府软弱行为的示威游行。

反动政府对民族斗士是惧怕而憎恨的，在鲁迅的葬礼上，民众对政府的不满得到了一次全面爆发的机会，政府因此对主办葬礼的全国各界救国联合会更加仇视了。早先上海市长就发表过“救国会是反动的东西”的言论，经过这次运动，反动派的魔爪终于张开了……

鲁迅安葬一个月以后的一个深夜，救国会领袖沙千里正在酣睡，突然被母亲叫醒，说有人来找他。沙千里心中疑虑，走到窗边看见门外有三五个大汉，心中顿时明了。他沉着冷静，一边穿衣服，一边让母亲开门。门一开，大汉们就闯了进来，拿手电筒乱照，并翻箱倒柜。一个探子走到沙千里跟前，说他们是上海公安局的，要沙千里跟他走。

沙千里是律师，此时他据法力争，要他们出示拘捕票。探子说“到捕房里给你看”，沙千里便已明了这是要强行逮捕他。对方人多势众，又是在自己家中，沙千里知道抗拒无用，于是口气和缓地对母亲讲，“我去一下公安局，不要担心，我明天就回来。”在这些人的胁迫下，沙千里被带走了。

沙千里先被带到租界的捕房，录了口供，并被搜查了全身，拿走了身上所有的物品，包括皮鞋的鞋带也被抽走了，然后就被关进了一个只容一人的铁笼。天亮后，他又被戴上手铐，押送到了法院。在法院，沙千里见到了几乎同时被捕的沈钧儒、李公朴、王造时、邹韬奋、章乃器、史良——救国会的七位领导人同时被逮捕了！这就是震惊海内外的救国会“七君子事件”。

陶行知也是救国会的领袖之一，但因为他此时恰在海外，因此免遭逮捕，否则就要称“八君子事件”了！不过陶行知还是被通缉了，他再一次成为了反动政府的通缉犯。

上一次被通缉，陶行知流亡日本，离群索居，一个人默默地背负罪名。但这一次他没有选择沉默，而是利用在海外的渠道，配合国内的舆论，向蒋介石政府施加舆论压力。一方面他联合海外华人华侨，发表告海外同胞书，反驳反动政府对“七君子”的污蔑，澄清救国会的主张与事实，要求政府释放七人，并要求政府停止一切破坏抗日救亡的行为，确认日本为全国之公敌，对日本侵略进行抵抗。

另一方面，陶行知积极争取美国著名人士的声援。在他的努力下，联合母校哥伦比亚大学的杜威、孟禄等国际知名学者，进而联合了众多世界著名学者爱因斯坦等人，致电蒋介石等政要，对“七君子”事件表示严重关切。

然而这一切都不能阻止蒋介石的反动行为，对救国会的发难只是他清除异己、镇压进步力量行动的一小部分。即便是后来张学良和杨虎城发动“西安事变”，扣押了蒋介石，要求他停止内战，共同抗日，也不能让蒋介石转变立场，蒋介石在被释放后，立刻软禁了张学良。

然而，历史的车轮不会为反动者而停留，它将携黄沙乱石碾压一切逆势而为者！

1937年7月7日，卢沟桥事变爆发，日本全面侵华战争开始，而中华民族的全面抗战也随之开始。无数的英勇将士与日本侵略者在战场上拼杀，也有无数英勇的同胞战斗在这场关系中华民族命运，关系世界各国各民族命运大战的后方战场！陶行知就是其中一个！此时，陶行知的“通缉犯”身份终于是随着“七君子”的释放而解除了。

有一次陶行知在美国一个海员联合会大厦演讲，听众大部分都是水手、船员。他听船员说，美国有很多废铁是从不远的墨西哥湾运输到日本去的，说那些废铁堆在岸上，远远看去就像一座座铁山，又都是“飞来峰”，因而它们一忽儿飞来，一忽儿又飞走。

陶行知得知这个情况，心想“废铁可一点不‘废’，那都是铸造钢铁、生产飞机大炮的战略物资，听他们的描述，这里运去日本的战略物资还为数不少，这个事情必须要搞清楚！必须要制止！”

他于是请工会主席一起驾车去了海湾港口，老远就看见一座巨大的铁山！陶行知近前一看，估摸这山有十多米高，三十多米宽，绵延长达两千多米！一时间，在陶行知的眼里，这哪里是破铜烂铁，而是张牙舞爪的恶魔，是杀害中国同胞的飞机坦克大炮！这些废铁带给美国的是黄金满屋，而带给中国人民的则是血花遍地！

陶行知在痛心疾首之余，更联想到美国除了售卖这些铁山，还有更多支持日德法西斯的行为，还有更多发战争财，更多助纣为虐的行为！

陶行知不是只知道愤慨的人，他马上从怒气中恢复了理智，即刻计划组织一批人手专门来搜集和调查美国以及其他国家输入日本的物资情况，然后用这些铁证作为与法西斯和支持法西斯的恶势力斗争的武器！

一个月后，陶行知联络了一批在美留学的中国学生，组成了“中华经济研究社”。他说，诸位的工作虽说是在办公室里进行，诸位的工作虽说是与数字打交道，但你们工作的重要性一点都不低，你们的研究有可能拯救无数同胞的性命！留学生们没想到自己能在异国他乡以这样的方式支持祖国，支持同胞，鼓足了干劲，开始着手进行大量的数据收集、归纳、统计和对比工作。

美国石油工业研究会召开年会，陶行知设法参加了会议，得以了解美国及其他国家供给日本石油的情况。

经过研究社高效的工作，他们得出了惊人的发现！根据数据统计，美国出口日本的铜、废铁、汽车和零件都占日本进口总量百分之九十以上！油类、铁（包括生铁），乃至直接的军用物资都占到了一半以上！从这些数据来看，说“美国支持了日本的侵略行动”一点都不假！

陶行知获得了这些确凿的证据，就要把这颗“数字炸弹”的威力发挥到最大！他在洛杉矶一次五千人的演讲集会上公布了这些数据，当时他还打了一个比方说：“日本在中国杀死一百万人的时候，有五十四万四千人是美国的军火帮助杀死的！”

在座的一位反战的美国国会议员接口道：“请大家记住，日本在中国杀死一百万人的时候，有五十四万四千人是美国帮凶而杀死的，凡不愿做帮凶的人请站起来！”结果五千人全体起立了！

后来，这些数据被各大报纸媒体刊载，甚至还上了美国参议院的公报！这广泛地影响了美国民众，为中国争取到了不少支持的声音。

陶行知并不满足于数据发挥的这些作用，他带着这些数据和相关报道，几次登门拜访老师杜威，请他出面，联合甘地、罗曼·罗兰、罗素、爱因斯坦等世界名人发表宣言谴责日本，呼吁在世界范围内支持中国，对日本禁运。杜威同意了陶行知的请求，向他们发出了电报和宣言稿。

除了甘地没能及时回信，罗曼·罗兰、罗素、爱因斯坦在约定的时间回复了杜威。于是四人署名的《我们对于日本侵略中国的态度》于12月13日发出，宣言称：

由于日本肆无忌惮地摧毁东方文化，为了人类安全、和平和民主，我们建议全世界人民自愿地组织起来，拒绝购买日货，拒绝出售日货，拒运战争物资去日本，停止在各方面与日本合作，不支持日本的侵略政策，尽可能支持中国自卫和救济的物资，直到日本从中国全部撤退武装力量，停止他的侵略政策为止。

而就在宣言发出的那一天，日本占领了南京，犯下了令人发指的、震惊世界的“南京大屠杀”暴行！这份宣言代表的是正义的呼声，通过电台和广播传向了全世界。

日本侵略者的疯狂肆虐，更激发了陶行知的动力，更加紧了他前行的脚步。他坚定地认为日本必将失败，不但在军事上要失败，在外交宣传上也必定失败。陶行知之所以这样说，不仅仅出于他一颗赤诚的爱国心，更出于他在外交宣传上的“作战经验”。他说日本的外交宣传就像是一个不道德的女子——虽然打扮得花枝招展，但是其不道德的本质早就决定了不可能受到国际的欢迎。他举了一个例子，说一个名叫索索奇的日本“国民外交使者”去向美国工人做宣传，他先对工人领袖做工作。

索索奇说：“我代表日本工人向你们乞求不要抵制日货，让我们日本工人有一碗饭吃。”

工人领袖是一位进步的人士，他告诉这位日本使者：“日本工人被日本军阀榨取，所以要彻底拯救你们的日本工人，就要打倒军阀，反对侵略。我问你，你究竟是要代表你们的工人，还是要代表你们的政府？”

使者说：“我代表日本工人。”

“那么你对你们政府的侵略赞成吗？”

狡猾的使者说，“不能说反对”，然后开始表演起“苦肉计”来，“你知道日本政府多么厉害啊！”

工人领袖不吃他这一套，义正词严地说：“我们美国工人都是反对侵略的，你既不反对侵略，你便不必向美国工人说一句话，我也不能把你的话转达给他们听！”

可见，尽管美国的政客为了利益，玩弄各种政治手段，在战争中渔利，但是美国的无产阶级，美国的人民大众是站在正义的立场上的。这是包括陶行知在内的外交宣传战士能够战胜外交场上的法西斯势力的重要原因，更重要的是这些战士的艰苦奋斗。

陶行知为了达到宣传的效果，可谓是想尽办法，用尽心思。在演讲中为了吸引侨胞，陶行知不仅插入打油诗，有时还会即兴创作、引吭高歌呢！除此之外，他甚至连测字、算命这样的方式也用上了。虽然这些不是科学，但深受侨胞的喜爱，只要能起到启发大众、鼓舞士气的作用，陶行知就不拘一格调用起来。比如，他把“春”字拆成“三人与日”，然后解释说，“三人就是老中少，各种人，全部中国人。只要全部中国人联合起来，就能压倒日本帝国主义，就能让他们翻不了身！”这样一说，简单明了又妙趣横生，侨胞们一下子就接受了。

实际上，做在美侨胞的工作远比“做一场演讲，拆一个字”困难得多！在外华侨因为来源复杂，背景不一，又因为各种历史的原因、现实的纠纷，互相之间派别林立，有的甚至积怨很深，常常捕风捉影，互相猜忌，甚至不惜大打出手，闹出人命。

陶行知想要让这些往日的对手仇家站在一起，诚非易事。他斡旋其间，帮助他们消除门户之见，不但身体奔走疲劳，而且心中操劳甚多，往往难以收到效果。陶行知曾经写了一首《以为歌》来批评海外华人的这种不团结，希望他们能捐弃前嫌，团结对外：

你以为，我以为，你我之间出了鬼。

有鬼掣你的肘，有鬼拉我的腿。

大家都想渡河，桥梁被鬼炸毁，

扑弄通儿一齐掉下水。

毕竟祖国告急，同胞有难，加之陶行知等人的努力，大部分侨胞们终于站在了一起，团结起来一致对外，支援祖国抗战。陶行知欣喜地称这些华侨为“新华侨”，而他正是新华侨的“接生婆”。

在美国的工作告一段落之后，陶行知又奔赴加拿大开展宣传，随后再次辗转，先后到意大利、捷克斯洛伐克、德国、法国、奥地利、匈牙利、希腊、埃及等国游历考察，宣传中国抗战。

离开埃及后，陶行知乘船穿越红海和印度洋，经斯里兰卡，到访印度，这也是应世界新教育大会上印度代表的邀请。在印度，陶行知会见了泰戈尔、甘地等著名人士，他向甘地介绍了中国大众教育运动，并应甘地邀请撰写了相关的文章，发表在印度《民族旗帜》上。他还恳请甘地组织一个特别委员会来抵制日货，共同抗击日本在亚洲的侵略。

结束对印度的访问之后，陶行知沿途北上，一路联合侨胞，共赴国难，抵制日货。陶行知经过在亚欧美各国的游历考察发现，抵制日货，对日本进行经济制裁，是遏制日本的釜底抽薪之计，因此他对抵制日货非常提倡，着力宣传和推动。

行程到了这里，陶行知离祖国也越来越近了。陶行知这一次出国，不知不觉已过去了两年之久。两年里，世界发生了翻天覆地的变化——第二次世界大战已经阴云密集，风雨欲来；两年里，中国更发生了巨变——日本全面侵华战争爆发；两年里，陶行知和他的家庭也波折连连——陶行知的妻子不幸去世，儿子们则辗转流离于战火硝烟之中。

想到这些巨变，想到这两年几乎跑遍世界的行程，陶行知心中感慨万千。然而，由不得他感叹停留，由不得他回首顾盼，国运危急，陶行知心里明白，很多人需要他，祖国更需要他，在这样的时刻，他更需要拿出百分之百的努力，拿出百分之百的行动，投身到救国事业中去！

六、民主斗士载史册

1938年秋，日本侵略者企图速战速决，疯狂入侵，华北、华东、东南大片国土沦陷。中华大地，满目疮痍，家园毁坏，亲人离散，到处都是逃难的百姓。在凶恶的侵略者面前，中华儿女团结一心，众志成城，对日本的侵略进行了坚决抵抗。国共进行了第二次合作，建立了“抗日民族统一战线”，共同对日作战。

日本为了迫使中国军民投降，早日结束侵略中国的战争，在1938年秋天，集结陆军和空军，对华中重镇——武汉进行了大规模进攻。国民政府组织了大规模的“武汉会战”，坚决阻挡侵略者的步伐，粉碎敌人的阴谋。

陶行知就是在这战事正酣的时刻回到国内的，一回来立刻奔赴武汉。10月1日在武汉，陶行知见到了被释放的救国会“七君子”。他与众人阔别两年，期间被追捕通缉，再见时国土沦丧，真有恍若隔世之感。

10月4日，蒋介石召见陶行知。陶行知身穿一身藏青色的学生服与蒋介石会面，向他介绍了国外的情况，并当面请求恢复晓庄。曾经下令通缉他的蒋介石同意了他的请求。

第二天，陶行知又与周恩来相见，听他谈了很多延安的情况，这次谈话给了陶行知很多触动与启迪。

陶行知很快就投入到战时的教育工作中去，这也是他在归国途中日思夜谋的事情。根据“全面抗战”的思想，陶行知提出了“全面教育”的思想。陶行知认为目前国家处于战争状态，配合民族解放事业是教育的责任，因此，“全面教育”也是“教育战”，是教育救国最集中的体现。

陶行知提出，战争时期的教育不光要在后方进行，更要办到敌占区、敌人后方去。因为日本侵略者不光占领中国领土，更对沦陷区的人民进行“奴化教育”，企图从思想文化上征服中国人，把占领区人民变成没有自由意志的、日本帝国主义的“奴隶”，所以陶行知认为“教育战”就是要对抗敌人的奴化教育，这样才能避免日本的文化征服。

陶行知还认为应当重视特殊教育，也就是对战争时期特殊人群的教育，比如伤兵教育、难民教育。伤兵经受了战争之苦，他们不光在肉体上受到伤害，精神和心灵同时也遭受打击，因此要用教育去帮助他们恢复，帮助他们度过身体和精神的双重困难。难民则是战争中最广大的一个群体，他们流离失所，很多人失去了亲人，心灵受到严重的创伤。更重要的是，难民中的青少年是中国未来的希望，以及战争胜利之后的建设和恢复都需要他们。如果因为战争而让他们失去了受教育的机会，那么将会给国家带来不可弥补的损失。

陶行知就是站在为未来考虑的立场和高度来看待教育。在陶行知的“教育战”中，既贯彻着他人民教育的思想，又体现了全民抗战的钢铁意志。

在和平时期开展教育都已经困难重重，战争时期教育的困难就可想而知了。不过陶行知是行动的巨人，一旦他认准了这件事的重要意义，即使有再大的困难也会一往无前！

尽管蒋介石之前答应了陶行知恢复晓庄的请求，然而当事情进入到腐败官僚机构的行政审核程序当中后，立刻陷入无限期的搁置与拖延当中。当然，其中最主要的原因还是共产党员活跃在晓庄里面。后来教育部长陈立夫请陶行知去主持一所农学院，陶行知婉拒了，说自己对于农学院的经营是外行，难以胜任。陈立夫说，“那你可以去干点别的事情”，言下之意就是让陶行知不要再复兴晓庄。可是，陶行知怎么会轻易放弃晓庄呢？他一再追问，陈立夫终于说出了真正的原因：“你的学生和朋友中很多是共产党。”

陶行知其实已经猜到其中的“玄妙”，只是没想到在国难当头的时刻，这些人还囿于党派之争，明和暗斗。这多少让陶行知感到失望，但失望有什么用呢？陶行知不会因为这些阻碍就裹足不前，“东方不亮西方亮”，晓庄不能即刻恢复，他就以别的方式实施自己的计划。

11月底，陶行知前往广西做社会考察，参加社会运动，研究战时教育，利用广西的机会和资源，陶行知组织成立了生活教育社，这得到了广西当局的大力支持。陶行知将其视为“晓庄的再生”。

转眼间，中国在战火纷飞中来到了1939年，抗日战争进入到了相持阶段。国民政府将陪都重庆作为战时的指挥中心，全国的政治、经济、教育、文化人士都纷纷进入大西南，准备对日本侵略者采取长期抵抗的方针。陶行知也到了重庆。

陶行知到了陪都便着手考察当地的教育状况，他去参观了北碚实验区，这里的乡村建设正呈现出勃勃生机。陶行知的“小先生”也在这里落地开花，当地有“小先生”一千多人，《锄头舞歌》随处可闻，让陶行知有种梦回晓庄的错觉。

北碚区的区长是卢子英，他与陶行知是老熟人。陶行知托卢子英物色一处校舍，晓庄不能顺利恢复，陶行知又想要办一所什么学校呢?

陶行知在1939年春的备忘录里有一条“函约蒋夫人谈育才”，蒋夫人是谁？“育才”又是什么呢?

蒋夫人就是蒋介石的夫人宋美龄。宋美龄与陶行知在教育理念方面比较一致，她负责经营的战时儿童保育会深得陶行知的赞赏，陶行知也曾到宋美龄领导的战时妇女工作团演讲，宋美龄还曾邀请陶行知去三青团任职，但被陶行知婉拒了。

而备忘录中所说的“育才”指的是陶行知计划中的又一所学校，不过这所学校与他之前开办的学校都有所不同，因为这所学校是战时的难童学校。这是陶行知战时教育的一个具体部分，他希望借助宋美龄在保育工作方面的力量，将这所学校办起来。

办难童学校也与陶行知在保育院的一段经历有关。有一次，他去一家保育院参观，那里有很多孩子因为失去亲人，被送来抚养。院长告诉陶行知，经常有人来这里领养孩子，其中不乏达官贵人。然而有的人选择领养的孩子纯粹是以貌取人，而且有的人更是当着孩子的面说“这个秃子不要，这个麻子不要，那个豁嘴的不要”这样带有侮辱性的话语。

陶行知几乎立刻就能想象到那些鄙陋者的嘴脸，他非常气愤，看到面前这些失去亲人、天真可爱的孩子，他又无比怜爱。作为一个教育家，陶行知特别能明白这些鄙陋者的言行可能对孩子带来的伤害，他也因此感到开办一所难童学校的计划更加迫切了。

陶行知在“小先生”运动中已经对小孩子的创造力和才能有了深刻的认识，只要教育得当，每一个小孩子都可以得到良好的发展。对于那些有缺陷的孩子，更加不可以有歧视，因为他们比一般的小孩子更加需要呵护。陶行知曾经给别人题过一副字，内容是“爱满天下”，正是他博爱心胸的表达！

陶行知的“爱”从来都不仅仅是嘴上的“爱”，他为此立即开始酝酿切实可行的计划，除了寻求宋美龄的支持，他还去找国民政府设立的救济机构要资金，至于校舍的选择，他把目光投到了北碚凤凰山的古圣寺。

古圣寺坐落在凤凰山一个平坦的山头上。在这个山头的西北是深陷的山谷，东面是起伏很小的丘陵，南面是向下倾斜的梯形山田。

寺院的规模很大，几乎占领了整个山头。坐北朝南，一连三重正殿。在正殿后面，还有一个藏经楼。寺院的四面有围墙环绕，山门朝南开，东西两侧都有侧门。寺院周围林木遍地，郁郁葱葱，即使是盛暑也凉爽宜人。只有山门的一面没有树林，因而从山门向远方眺望，可以看到几十里外的山峰，游目骋怀，景色极佳。

陶行知一到古圣寺，就觉得这里是办学校的绝好之地，环境幽静，又有众多的现成房间可以租用，可以省下建设的经费和时间。

陶行知当即与庙方商定租借事宜，这次可比在上海办“红庙工学团”时“攻克”红庙顺利得多，而且经费也很快就到位了，因此育才学校很快就挂牌开学了。1939年7月20日举行开学典礼的时候，有40多个学生，等到正式上课的时候，就有70多个学生了。后面学生陆陆续续多了起来，年底已经有近百人了。

育才顺利开办起来，就好比一艘搭载着希望的轮船，扬帆起航了，而为这艘船保驾护航的是它的缔造者陶行知！

育才刚刚开办，百事待兴，事务繁杂，尽管有陶行知的得力学生和他一起共事，但操劳的人总是习惯操劳，大事小事他都挂心。招聘老师，招收学生，采购仪器设备，安排校舍用地这样的大事自然是少不了陶行知来做决定，就是一些细微的事情，他也会想得很周到。有人反映说学校食堂招来的大厨子不行，陶行知听了很重视，认为厨师也是办学的重要特色，因此重新招聘了一位厨师。更有甚者，搭建临时厕所要不要加盖子，坐便器要设计成什么样子才不招苍蝇，书架制作成什么样比较合适，长多少、宽多少、高多少，陶行知都有具体的建议！

师生外出参加活动，活动的具体时间地点，怎样安排让师生方便，陶行知都会悉心考虑。有一次北碚开大会，育才的师生要参加，陶行知特意跟大会人员商定育才学校的上台时间，避免让他们留在北碚过夜，否则不仅带被子很麻烦，而且还有可能带虱子回去；同时他又写信叮嘱师生，需要几点从学校动身，询问节目排练进行得如何，提醒注意路上的安全，等等。

可见，陶行知对育才学校倾注了多么大的心血！经过陶行知的苦心经营，这所古庙很快就成了一所充满生机的学校，变得焕然一新！

当你一走到山门附近，便可以看见两株黄桷树，枝叶扶疏，从围墙里面把枝叶伸张出来，垂到围墙的外面，左右对称。走进山门，迎面便是一堵照壁，照壁上有一个神龛，神龛已用木板封闭。据说是因为那神像古怪凶狞，孩子们看了害怕。转过照壁，是一个宽大的丹墀，丹墀中平铺石板。以前这里是善男信女吃斋饭的地方，现在成了育才学生游戏的地方。

在丹墀两侧，有东西两排房子，分上下两层楼，下层用长方石块砌筑，上层则采用木质结构。这些房间以前是招待施主的客房，现在则改成了育才老师的宿舍，陶行知也和老师们在一起，他就住在西边的房子里。

由丹墀拾级而上，是第一重神殿。雕梁粉壁，丹楹刻桷，里面还有几尊神像呢！这个神殿就是育才的课室，在两个课室之间抽出一条走廊，走廊两壁，贴满了学生的壁报。

穿过第一重神殿进到第二重神殿，迎面是两个花坛，花坛两侧是四大金刚，左右对立。金刚塑像，高二丈余，五彩装潢，神气活现。神殿的正中作为阅报室，阅报室的左右，则是学校的办公室。

穿过第二重神殿便进到第三重神殿。这座神殿的规模，比前两重宏大许多。正中有一尊全身镂金的佛像，造型庄严。这个神殿的正中间是礼堂，礼堂的两侧是课室。

育才学校的范围不仅限于古圣寺，寺庙外还有不少其他场所。出山门往西的丛林中，有新置的石桌石凳，那是育才的露天课堂。出山门往东，有一块大空坪，那是育才的运动场。在空坪的北端，有一个经过人工修整的天然土台，那是育才学牛练习喜剧的舞台。此外，出山门往南，越过一个山坡，沿着一条小溪前行，有一座当地大地主的院落，那是育才绘画组的课室和宿舍。出山门往西的坑谷中，有几家农民的房子，那是育才音乐组的课室和宿舍。

陶行知很重视一个学校的图书馆。在寺庙南边约二百步远有三间草舍，那是陶行知安排新盖的图书室，里面保存着一部《图书集成》和一些其他的书籍。在这个草舍前面，有一个小小的花圃，栽种着各种各样的花木。在这草舍的周围，都是菜园，这些菜园，都是学生自己种的。此外，在靠近山门的地方，还有两个池塘，里面种着莲藕养着鱼。每到夏天，荷花盛开，这里便成了育才师生休憩游玩的乐园。

陶行知除了给孩子们提供好的学习和生活环境，更重视孩子们的教育，不仅通过老师们来教育孩子，有时候他自己也会亲自施教。有一次，陶行知看到一个叫王友的孩子用土块砸别的孩子，当即制止了他，并叫他放学后到校长室。陶行知了解到这个孩子以前是孩子王，“野”惯了，于是打算好好地教导他一番。

放学后，陶行知从外面回到校长室，看到王友已经在校长室门口等他了，于是把他叫进去，然后从口袋里掏出一块糖来给他。王友感到非常意外，心想怎么校长不批评自己，反倒给自己糖，于是不敢接。陶行知笑着说：“这是奖励你的，因为你按时来了，而我却迟到了。”王友这才迟疑地接过糖来，接着陶行知又掏出一颗糖给他，说：“这块糖也是奖励给你的，因为我不让你砸同学，你立即住手了，说明你很尊重我。”王友愣愣地接过糖，小小的心灵感受到一种说不出的震惊。没想到陶行知这时又掏出第三颗糖来给他，很认真地说：“这块糖还是奖励给你的。因为我调查过了，你用土块砸的那位同学，是因为他不守游戏规则，欺负女生。你砸他，说明你富有同情心、有正义感，应该奖励你！”话音刚落，王友“哇”地一下子哭了出来，一边哭一边对陶行知承认错误：“校长，是我不对，我不应该打同学！呜呜……”陶行知看到王友懂得认错，非常欣慰，再从包里拿出一块糖来递给王友，亲切地说：“你能认识到自己的错误，再奖励给你一块糖！以后要好好改正。”王友泣不成声，使劲地点头，陶行知微微一笑，说：“好了！我的糖没有了，我们的谈话也到此结束了！”

时间快要到1940年了，中华儿女与日本侵略者的抗争还在进行着，凶恶侵略者的铁蹄虽然被阻挡不前，但为了尽快走出战争的泥潭，丧心病狂的侵略者对重庆进行狂轰滥炸。躲避轰炸、跑防空洞几乎成了生活在重庆的人们的“每日功课”，一不留神，就可能性命不保，非常危险。

陶行知的备忘录上详细地记载着空袭的情况，从这里我们可以看到当时的危险情形：

6月9日敌机轰炸北碚，落一弹于果园；6月30日敌机轰炸北碚，13号防空洞被击中，死伤100余人；7月5日夜在亭前坡上避空袭；7月6日夜12时偕赵老太太家属避飞机；8月2日夜空袭；8月3日凤凰山育才上空发生激烈空战；8月9日重庆大轰炸，适在城内办事，目击种种惨状；8月中旬北碚连续三次被炸，损失惨重，满目疮痍；10月1日夜警报；10月2日空袭，六批飞机来，早5时睡；10月3日白天空袭，夜空袭，未避；10月10日敌机在北碚投弹数十，育才招待所屋瓦多半被震碎；不久重庆生活教育社被炸毁；10月24日八时空袭警报；10月25日空袭警报；11月4日空袭警报；11月18日空袭警报。

其中8月9日的大轰炸最为惨烈，陶行知在给友人的信中详细描述了当时躲防空洞的情景：

我在青年会的防空洞里。青年会除宿舍外，全部被毁。我们在洞里，只进得一些烟气。当初群众很喧哗，后来把洞口塞了一下，使火舌不得进来，这才大家安静下去。当轰炸的时候，头顶上听见轰轰之声，震动不太大，想系烧夷弹而非重磅弹。四时解除警报，才出洞。想透些新鲜空气，但是四面大火，热气逼人。等候两小时，才走后门委婉而达到大街。新街口上海银行、中央日报、中国银行都被炸……曾家岩一带炸得厉害，敌机投下几个千磅以上之弹……投了一百多弹，死了二百余人。

正是在这样恶劣而危险的情形下，陶行知操办着育才和生活教育社等机构。除了敌机轰炸带来的危险之外，战争带来的物资短缺、经济崩溃更是陶行知需要为育才解决的头等大事。

育才学校刚刚开办的时候，米的价格为每斗2元2角，一年多以后就涨到了50元5角一斗！育才刚开办的时候，陶行知还能考虑厨师的手艺好不好，两年多以后，能让孩子们每天吃上三顿稀饭都很难了！

陶行知要付出巨大的努力，才能勉强填饱育才学校两百多师生的肚皮。每当朋友见面问他在忙什么，他就会幽默地说："我成了一个体育家，练习田径赛，和米赛跑！"

为了育才的生存，陶行知四处募捐。有一次陶行知去找财政部部长孔祥熙当面募捐，还给他带了三幅育才学校学生的画作。孔祥熙见到他寒暄道："好久不见了。"

陶行知开门见山，单刀直入："敝校二周年，承您捐三千，谢谢您！小朋友作品三册请您指教。米又涨了，怕小孩们营养不够，请您再捐一万。"

孔祥熙道："我再捐一点。"

陶行知立刻递上捐款簿："这是捐簿请您写。"

孔祥熙写下"孔祥熙五千元"，并说："叫我的秘书付。"

陶行知随即告退，出门便遇到孔祥熙的秘书，他把捐簿拿给他看，秘书说："我代你领，后天有。"

前后不过几分钟，可谓是陶行知效率最高的一次募捐！当然这是极少有的事，大多数情况下，陶行知的募捐都非常艰难，尤其是在战事纷扰中，更是难上加难。有一次他向金陵大学的校长募捐，校长只认捐了50元。不过陶行知同样报以感激之情。

育才学校在风雨飘摇中艰难维持，虽然作为校长的陶行知已尽全力周全，但是学校里的不安情绪还是一天比一天更严重，当他听说学校里有些师生情绪不安时，赶忙写信鼓励大家：

“在平时办学，一帆风顺，人人能办。在艰难困苦中不动摇而向前创造，才难能可贵。奋斗是万物之父！”

他在写给儿子晓光的信中说：

学校经济自是非常困难。你知道我是欢迎困难的一个人。一切困难都以算学解决之。不但经济困难是如此解决，别的困难也如此解决。所以我没有忧愁，仍旧是吃得饱，睡得着。……孔子说，仁者不忧，智者不惑，勇者不惧。惟其不惑所以不忧、不惧。我们追求真理，抱着真理为民族人类服务，有什么疑惑呢？所以我无论处境如何困难，心里是泰然自在。

陶行知之所以能在困难中前行，不光是因为他自己有坚定的信念，还因为他在困苦之中能发现希望，在困苦中挣扎的劳苦大众以他们最朴实的精神在坚持，这是陶行知汲取动力的源泉。信念和希望支撑他坚定地走下去。

陶行知有一次在四川的一个小镇上避雨，吃晚饭时有两个流浪儿走到跟前来讨饭，陶行知见两人面有菜色，衣衫褴褛，一定是吃尽了苦头，于是把自己的晚饭分了一大半给两个孩子。

这两个孩子没有立刻就吃掉，而是小心地拿到门口，招呼其他十来个孩子过来分吃。他们不吵不闹，很有秩序，陶行知大受感动，就叫两个孩子过来攀谈起来。

陶行知

陶行知问他们读过书没有，其中一个叫“金元”的孩子回答说念过一些书。陶行知就指着对门的一个招牌问他是什么字，金元回答道：“农村饭店。”

陶行知又问他旁边墙上的标语是什么，答道：“农工商学兵联合起来。”

“联合起来做什么？”

旁边的流浪儿与金元齐声道：“打日本鬼子！”

陶行知不禁感慨：“这些流浪儿在风霜雨雪中，靠着自己的小小努力，也得到了这一点宝贵的教育。谁有权力让他们挨饿受冻？谁又能剥夺他们受教育的权利！”于是转头问金元：“你愿意教他们识字吗？”

“愿意！”

“好！金元，你做小先生，不要把学问放在自己的荷包里，要拿出来教大家。你的责任是把你的十几位小朋友都教成个个识字，人人拿出小拳头来打倒小日本！”

“我愿意，但是没有书本怎么办？”

陶行知一时也不知如何回答，埋怨自己怎么没有随身带本书，不过他转眼再次看到墙上的标语，用手一指说：“那就是书。你们可以不花钱拿来当做书读。”

金元又问：“那笔呢？没有钱买笔啊？”

陶行知把手收回到眼前，伸出食指说：“这就是笔！你们用你们的指头对着墙上的‘工农商学兵联合起来’九个字，一个一个地对着画，就是学写字。写了几回再在手掌上默写，手掌便成了你们的纸。有机会在桌上用水练练字更好。那时桌子就是纸，水成了墨，还有指头永远是不花钱的笔，随身带的自来笔，有书、有笔、有纸、有墨、又有小先生，你们是天天可以上学，处处可以练字了。但是最要紧的是学了字学了知识，要帮助大人打到日本鬼子！”

两个小孩认真地听着，陶行知望着他们饱经风霜的脸上那双天真的眼眸，不由得心头涌上一阵酸楚，眼眶几乎都要湿润了。他为眼前这一群孩子的不幸而心酸，更想到中国大地上还有千千万万这样的孩子处在不幸之中！他也为自己不能给他们更多的帮助而难过，他动情地说：“孩子们！我的法子已经想尽了，不能再简便了，你们努力吧。我们一个一个的人是不能把鬼子打出去的，小朋友们也要组织起来，总有一天我们会把日本鬼子赶走的，那时候你们就不会再挨饿受冻了……”陶行知实在难以说下去了。

现实中有这样感动的时刻，当然也有令人气愤的事情——育才学校在开办之前，就与庙方签订了租用房屋地产的契约，然而开办才一年，当地一所学校就在政府的支持下向育才学校交涉要求收回地产，开办中心小学。陶行知想了许多办法进行交涉，但都收效甚微，对方甚至一度想要强行收回。陶行知一方面顶住压力，一方面又担心育才方面因为义愤，与对方发生冲突激化矛盾，即使在外奔波，也不时叮嘱学校师生，“倘有人指使强行搬入，一面闭门，一面飞报重庆，一面诉之舆论、法律”，“从现在起，谨防门户，只开一门，以便出入，门前放哨，可疑即关门，警觉第一”，等等。作为一校之长的他，即使心中有万千怨言愤懑，也要压在心底，以顾全大局为重。

关心陶行知的朋友看他实在艰难，劝他放弃育才，说何必“顶着石臼做戏、抱着石头游泳呢”？陶行知明白这是发自朋友的关心，但他自认准了一条光明的道路，即使是朋友的关心也不能改变他的信念，他幽默地回复道：“我不是抱着石头游泳，而是抱着爱人游泳，越游越起劲！”

后来，这种旷日持久的争执纠缠把陶行知和育才师生折腾得筋疲力尽，已经影响到学校的正常运行了。陶行知冷静下来，回到原点进行了思考，最终认为还是要做出进一步的妥协，以保全学校为首要目的，为此他再次给全校师生写信说明道理：

后方的人往往为了一点小事，争意气，弄字眼，纠纷摩擦，消耗精神，把我们最大敌人——日本帝国主义——放在脑后。

一庙之争正是微乎其微的小事。为着要对大目的努更大之力，双方都应该让步，让到可以合作的地步。……我们究竟是客人，虽然在主观上我们绝不愿喧宾夺主，但是客观上也是在给了夺地办学的朋友相当的不方便。只要真正于当地儿童有益，我们就让出整个学校，自己露天过活，也是甘心情愿。

晓庄是从四个帐篷办起，到三十个茅棚，那才是创造。山海工学团虽然办理了二十五里的普及教育，发动了全国的普及教育运动，却连一个茅棚也没有造，那也是真正的创造！老实说，如果地方的朋友要整个的古圣寺，我们也丝毫不留恋的让给他们，这样我们再来住住帐篷，过过野人生活，则塞翁失马安知非福。

假使本地的朋友没有成见和意气，那是可以行得通，而且是双方都好。但是人为感情所限，一时不能看清这路线之正确，势不能甘心情愿的接受。我们若不能作适当的让步，则各走极端，必定费力、费时、费钱而或者要弄到两败俱伤，徒然牺牲了小孩及放松了大敌。

陶行知在“争庙事件”上从大处着眼，从民众利益出发，这是他一贯的做法。他从来都反对党见，反对内斗，他“后方的人往往为了一点小事，争意气，弄字眼，纠纷摩擦，消耗精神，把我们最大敌人——日本帝国主义——放在脑后”的话，恐怕也不仅仅是指争夺古圣庙的人，同时也是说给蒋介石和国民党政府听的。

抗战进行到相持阶段时，日本侵略者日渐不支，止步武汉广州一线。然而就在敌人稍懈之时，蒋介石领导下的国民党反动势力又迅速抬头，置抗日救亡大局不顾，制造了“皖南事变”，屠杀了数千新四军的抗日壮士。周恩来在《新华日报》上发表文章，大声疾呼：“千古奇冤，江南一叶；同室操戈，相煎何急！”

国民党这种倒行逆施、“令亲者痛仇者快”的行为激起了全国人民的愤慨，也惊醒了很多对国民党反动派抱以幻想的人，让他们明白，反动派的反动本质是不会改变的，他们的立场不在劳苦大众一边。

陶行知是坚定地站在人民的立场上的，他的教育是普及的教育、为了大众的教育，他坚定地选择了人民的道路，因此他越来越认同共产党。在办育才学校的时候，陶行知显然没有吸取晓庄被查封的“教训”，反而更加倚重共产党员，支持共产党。他与周恩来、邓颖超、董必武等人交往密切，育才学校也接纳了不少共产党员的烈士遗孤。

国民党自然不会对陶行知的做法坐视不管，他们一方面严密监视陶行知以及育才学校、生活教育社的活动，另外还千方百计地加以阻挠分化。陶行知最为心爱的一支队伍——新安旅行团，这个旅行团是陶行知“生活即教育，社会即学校”教育思想的结晶，曾经在全国旅行三万四千里宣传抗日，传播教育火种，全国闻名。国民党对这支队伍却如鲠在喉，因为他们有“涉共之嫌”，于是堂而皇之地借用“爱护青年”，“要防止青年误入歧途”这样拙劣的理由，进行了改编，使一支优秀的队伍瓦解于无形。

陶行知经过多方努力，实在难以保全，于是便将旅行团的骨干交由周恩来送到延安去了。

然而，事情并没有就此结束，在新安旅行团被解散之后，生活教育社的牌子也被摘掉了，教育部又企图把育才学校改成公立学校，为的是把学校置于国民党的管理之下……

抗日战争的胜利曙光越是接近，国民党对陶行知这样的民主进步人士的压迫和管制就越是严苛。抗日战争胜利之后，民主和自由真的会到来吗？中国到底会何去何从？

抗战的胜利比陶行知预料的来得早！1945年8月15日正午，日本天皇通过广播宣布无条件投降。胜利了！八年的浴血奋战终于迎来了最后的胜利！饱经战乱之苦的人民都期盼和平就此到来，可以回到家园，可以重新开始新的生活了！

然而，国民党政府并没有顺从民意，他们不是积极准备为建立一个新的中国而努力，而是在美国的帮助下抢占胜利果实，一方面派飞机、战舰将大量的军队运输到各大城市，一方面派国民党官员到各地接收政权。那些所谓的接收大员趁机大肆搜刮，中饱私囊，敛聚财富，没有把安定带给一方，反而搞得人心惶惶，百姓怨声载道。

尽管陶行知对胜利之后的生活充满了憧憬，对即将到来的新生活充满了希望，但是理性的他很快意识到所谓的胜利是——把官运带给汉奸，把失业带给工人，把财宝带给权势……唯独没有把和平民主带来！

为此他坚定地与救国会、民主同盟等民主团体一道，为“反对内战，争取民主”而呼号奔走。

1945年11月25日，昆明大中学校师生6000多人在西南联大举行反内战时事晚会，云南方面的国民党派军队包围了会场，进行控制，甚至还鸣枪放炮，恫吓师生。全市学校师生于是联合罢课表示抗议。12月1日，国民党军警特务联合出动，镇压罢课。凶残的军警使用了手榴弹，炸死炸伤师生十多人。这就是著名的“一二一惨案”！

惨案发生后，陶行知在悲痛与愤怒中写下悼诗：

流血！流胜利血！流内战血！流反内战血！学生在流血！先生在流血！人民在流血！流吧！流成血的鸿沟，满鸿沟是血，使内战魔渡不过去，叫中国不致毁灭。死吧！死尸像天梯样，一层层的堆列，让自由神快快走下来，叫中国不会分裂！

两天后，陶行知代表救国会出席反内战烈士的追悼会，在大会上陶行知表达了对烈士的沉痛哀悼，并痛陈国民党的罪行：

你们死得不瞑目罢？八年抗战没被敌人杀死，现在杀死你们的是号称中国的同胞；我们很委屈诸位烈士，还是在这样一个小屋子里追悼你们……你们知道民国成立了三十四年，人民还没有自由，今天是连追悼的自由都还没有！有的是法西斯军人在墙外放枪的自由！有的是反人民屠户屠杀老百姓的自由！

有的是反民主将领发动内战的自由！这自由必须停止！

陶行知直斥国民党是“法西斯”“屠户”，在当时那样紧张的局势下，他几乎是奋不顾身，置生命于度外了。实际上在参加追悼会之前，陶行知几乎是做好了此去无回的准备。他前一天晚上已将自己的诗稿整理完毕，并写下了遗嘱。所幸追悼会当天并未发生不幸，事后陶行知说“这次我预备死而不死，今后尚有为民族、人类服务之机会”，可见他已决心将民主斗争进行到底了！

1946年，当初为躲避战争迁往西南大后方的各个组织和单位，陆续迁回原来所在地。陶行知也打算回迁上海，并且拟定了一系列宏大的计划，预备在上海将教育事业开展起来：

我怀抱着为国为民的热情来到这东方大城，主要是想做上海的工作，想在上海创办社会大学、函授大学、新闻大学、无线电大学、海上大学、空中大学，让整个上海都变成学校，让上海五百万市民都能得到受教育和再教育的机会。……这样，我的生活教育的设想就可以全部实现。

陶行知4月到了南京，然而他刚到南京，就传来一个噩耗，四天前一架由重庆飞往延安的飞机失事了，飞机上有中国共产党重要负责人王若飞、秦邦宪和原新四军军长叶挺，以及陶行知乡村教育的老同志黄齐生、育才颇有音乐才华的学生黄晓庄等人，他们全部遇难。陶行知为死者感到惋惜，也为自己感到庆幸，因为他本来是有可能坐上那一架飞机去延安的。在抗战结束前不久，陶行知与沈钧儒、张申府就曾联名给毛泽东、周恩来写过信，信中表示“倘得舟车之便，愿来延面领明教。”

陶行知到南京第三天，就到晓庄去为父母妹妹扫墓。

晓庄，这个名字和这片土地是陶行知内心最珍视的，他从这里开始实践自己的教育理想，从这里开始他的人民教育之路，可以说晓庄是陶行知一手缔造，陶行知的一生也永远献给了晓庄，他之后从事的所有事业都是晓庄的延续和发展。

当年过半百的陶行知再次踏上这块土地的时候，他的心中感慨万千，思绪又回到了二十年前那个初冬的早晨——

“叔愚你看，这就是我们未来的学校！”陶行知伸手向前方指去，仿佛他可以点出一道金光，驱散晨雾一般。赵叔愚顺着陶行知的手极目向远方看去，只见几座荒山彼此相连，在冬雾里显得更加荒凉。山间散布着一些田地，杂草丛生，不像有人耕种的样子。

然而，尽管是这样一幅荒凉的景象，在两人眼里看来，却仿佛伊甸园一样美妙动人。两人站在山头上眺望着，规划着，这里建宿舍，那里建课室，东边的田地做农业试验园，西边的荒山种果树。两人越说兴致越高，不觉晨雾已经散去……

多么美好的愿景啊！陶行知后来也的确实现了这美好的愿景，相信他不止一次登上劳山来眺望这一幅他心中最美的风景！

二十年后，经历抗战之后，当他再次登上劳山的时候，呈现在他面前的是完全不同的另一幅景象。晓庄在焦土抗战的命令下，烧光了所有的房屋，砍光了所有的树木，颓壁秃岗，满目疮痍。

此时的陶行知心中恐怕是极难受的，但也肯定有新的计划在酝酿，他就是这样一个人，能以双目穿透迷雾看到希望，又能以双手创造出心中蓝图！

附近的农友听说陶行知回来了，成群结队地前来接他，陶行知见到以前的老友，看见以前晓庄幼稚园里的娃娃已经长成了大人，心中说不出的欣悦！农友与陶行知打招呼，问："陶先生，这么远的路，怎么不坐车子？"陶行知笑道："汽车贵来稀，人力车不便宜，十一号车最惬意！"大家一听陶先生还是像以前那么风趣，都笑了起来。其中一个年轻人说："陶先生，我们还等着你重新开办幼儿园来教我们的娃娃呢！"又是一阵欢快的笑声响起，久久地回荡在这荒败而又充满希望的村野里……

离开南京，陶行知到了上海，借住在一家饭店三楼的亭子间，面积约八平方米，只能摆下一张生锈的铁床，一张方桌和一个抽屉柜。但陶行知从来没有因为物质条件的简陋而抱怨，他就在这样一间斗室里开始勾勒和实施他心中那宏伟的战后教育蓝图。很快陶行知筹备成立生活教育社上海分社，他在市立育才中学为他举行的欢迎会上做了《民主生活与民主教育》的演讲，在重振教育的同时，他也丝毫不放松民主斗争，在上海一百多天，演讲了80多场，大都离不开教育和民主，对政府的挖苦讽刺自是不会少。

国民党反动派视陶行知这样的民主进步人士为眼中钉肉中刺，7月11日国民党特务暗杀了李公朴，四天之后又暗杀了闻一多，而陶行知也上了他们的黑名单，特务在他的住所周围严密监视。

这一危险信号被周恩来领导的共产党情报人员发现，周恩来派人告诉来陶行知，并劝他更换住所。陶行知听从了劝告，可每一次更换住所都甩不掉特务的监视，后来住到了老朋友任宗德家里才总算安全一些。

李公朴和闻一多的死，直接给陶行知敲响了警钟，也促使他做好了“最后的准备”，他开始整理自己的文稿，面对国民党的威胁，他大义凛然地宣称“我等着那卑鄙的第三枪”！

1946年7月25日早晨，像往常一样，任宗德和家人等着陶行知下楼吃早餐，但时间过了八点，却还不见陶行知下来。任宗德心中有些不安，叫人上楼去请他下来。不一会儿，那人跑下楼来，连声说“不好了！不好了！陶老师犯病了！”任宗德赶紧跑上楼，发现陶行知在卫生间靠着马桶半躺在地上，满面通红，大口喘气。任宗德马上给沈钧儒打电话，请他和他儿子沈谦尽快过来。沈谦是著名的内科医生，请他过来抢救陶行知。随即任宗德将事情报告给周恩来，并通知了陶行知的家人和挚友。

不一会儿沈钧儒和沈谦就赶来了，沈谦上前翻看了陶行知的眼睛，听心跳，又打了一针，可是不见反应。最后他得出结论，陶行知是突发脑溢血。沈钧儒赶紧让儿子把陶行知送医院，沈谦说已经来不及了，路上颠簸，只会让陶先生病情恶化。

众人无不默然悲戚。大家只好把陶行知抬到一张行军床上，在他的额头上敷上冰毛巾，剩下的就只能祈祷奇迹发生了。

沈钧儒一直搭着陶行知的脉搏，11点半的时候，他忽然喊道："脉搏正常了！有希望！"大家一下子紧张起来，攥着拳头，默默地为陶行知加油，仿佛要把自己的生命力注入给陶行知。然而，那不过是夕阳落山前的回光返照，陶行知的喘息声渐渐弱了下去，不知何时身上的热汗已经冰冷了。

陶行知，逝世了！

就在这时，周恩来夫妇跨进任家大门，可终究是晚来了一步。周恩来俯身查看了陶行知，在询问沈谦后得知回天无力，他拉起陶行知还没有僵硬的手，哽咽道：

"陶先生，你已经对得起民族，对得起人民。你的事业会由朋友们，你的后继者们坚持下去的，你放心去吧！我们一定要争取全面的、永久的和平，并实现民主来告慰你。朋友们都得学习你的精神，尽瘁民主事业，直至最后一息。陶先生，你放心去吧！"

1946年7月25日12时30分，陶行知永远地离开了我们！

后记

我们为什么要读伟人的传记?

有的人想要了解他们伟大的事迹，伟人就像夜空中的明星，他们放出的光芒使黑暗的天空充满奇幻的想象。

有的人想要了解他们伟大的思想，伟人好比山冈上的高塔，站在他们的肩上我们可以看到常人看不到的远方。

有的人想要了解他们的伟大人格，伟人如同群山里的主峰，他们的丰姿、气质和品行是人性之美最集中的呈现。

而这三方面中，人格之伟大是最吸引人的。你有可能做不出轰轰烈烈的事迹，有可能形成不了深邃的思想，但你可以养成美好的品行，形成独特的气质，做一个真正的人。

纵观陶行知的一生，他在这方面给了我们有益的启示。

陶行知成为一个受人敬重敬仰的人，是因为他要成为与人民大众心连心的一个人；陶行知在那个时代是一个特别的知识分子，他更多地将自己的目光投向了贫苦大众。陶行知之所以成为“陶行知”，是因为他忘记了自我，他把爱撒向了别人。

因为对国家对民族的热爱，陶行知思索积贫积弱的国家该如何走向强大，如何实现民主富强，最后他认定了“教育救国”这条道路；因为他对广大穷苦人民的爱，陶行知选择离开象牙塔离开名利场，走到他热爱的人民中去，去拥抱他们，去过他们过的生活；因为他对千万孩子的爱，对祖国未来的爱，他将这种爱变成了他认为最重要的东西——教育，献给他们，帮助他们。

有的人会说，为别人而活不就失去了自我了吗？陶行知为了乡村孩子的教育，放弃教授不做，放弃官员不做，而去到乡野里，建立了晓庄。他没有埋怨和“牛大哥”一起睡，没有觉得穿着粗布衣服很不体面，没有后悔放弃了安逸的生活。因为在晓庄他找到了自己的寄托、自己的价值，因此一切在常人看来不好的地方，反倒成了他最享受之处。这没有使他失去自我，而是找到了自我，找到了内心渴望的东西。

“行为知始”，这是陶行知一生的信条。陶行知相信一切智慧的来源都需要实践。“纸上得来终觉浅，绝知此事要躬行”，陶行知是一个行动的巨人！他从来都不仅仅是在脑子里面想在嘴上说，而是要实实在在地干！

晓庄师范是干出来的，自然学园是干出来的，山海工学团是干出来的，“小先生运动”是干出来的，生活教育社是干出来的，育才学校也是干出来的！陶行知作为一个重视行动的思想家，他善于去行动；行动也熔铸出了他作为一个行动家的思想。

因为是行动的巨人，所以陶行知不会拘泥于书本的条条框框，不囿于所谓的什么主义，因此也产生了行动的智慧。当时的中国积贫积弱，很多人觉得没有条件普及教育，有的人甚至觉得等中国强大了才有能力搞好教育。但是陶行知清楚越是穷的国家就越是需要教育，穷不是放弃教育的借口。于是他从穷困的环境出发，从中国当时的国情出发，想尽办法搞教育，于是诞生了“平民读书处”，诞生了晓庄，诞生了“小先生”，诞生了“工学团”，这些无一不是从实践中摸索出来的教育之路。

陶行知的教育也不仅限于学校里面的教育，“生活即教育，社会即学校”，这是他对杜威学说的继承和发展，更是他在中国教育实践中摸索出的理念。作为一种理念，它是抽象的，也是没有作用的。陶行知将之运用到教育救国的实践中，因此晓庄不仅仅是一所学校，更是一个小社会，学员们不仅仅是读书学习，他们也参与农友的劳动，与农友交朋友，到生活中去接受教育，同时传播教育理念，实践陶行知所谓的“教学做合一”。

陶行知是职业的教育家，他一辈子都在为让别人活得更好的教育而奔走，但他并不以教育家的姿态傲视别人，他人格最有魅力之处在于时时刻刻对自己的教育。他认为教育者和受教育者双方是平等的，即使是教育者也可以从受教育者身上学习，即使是小孩也有值得学习的地方。作为伟大的教育家，不是要教会别人做什么，而是让人懂得了自我教育——这就是陶行知身上展现的人格魅力。

当我们读完陶行知的传记，当我们读完其他伟人的传记，我们都应当掩卷沉思，去体悟传主身上散发的人格魅力。当我们感受到人性之美好的时候，我们的性情也受到了陶冶。我想这是读伟人传记的乐趣和益处。

延伸阅读

平民读书处之试验

平民读书处，为平民教育组织之一种。试验以来，已有两个月了。我现在要把这两个月来经过的情形写出来，献给热心平民教育的同志做参考，并请大家随地试办后不吝指教。

自从中华平民教育促进会筹备会成立之后，我们先后在南京、北京办了十几个平民学校实地试验。有空的时候，我就在平民学校四周的社会探听消息。学校虽近在咫尺，店家住户有大多数的人不能到学校来上课。例如平民学校定晚上七点钟上课，看门的不能来；抱小孩的，小孩没有睡不能来；晚饭后要洗锅洗碗的不能来：这是平常住户的情形。再看那店家做买卖要做到九点钟、十点钟、十一点钟的都不能来。不能来而勉强来，必定要妨害家庭的事务，扰乱生活的常态。读书是要紧的，管家谋生也是要紧的。有没有两全的方法，使那一班人民于管家谋生之外还能读书？这是我对于学校式平民教育效力上的怀疑，也是我对于平民读书处开始试验的第一个原因。

我和朱经农先生把第一册《平民千字课》做成之后，桃红讨了一本去读，小桃也要读。于是弟弟就跟着哥哥去学。我起初并不十分注意，后来看见哥哥读一课，弟弟也读一课；哥哥把第一册读了，弟弟也把第一册读了。我渐渐的得到一个很重要的暗示，这暗示就是如果八岁的小孩子能教五岁的小孩子，那么十几岁以上识字的人，更能够教十几岁以下不识字的人了。这个假设，引导我打破非师范生不能办平民教育的偶象，引导我去试验种种识字的人去教种种不识字的人。这是我开始试验平民读书处的第二个原因。

这时候虽有设立平民读书处的动机，但是平民读书处的名词还没有成立。这时候所用的名词是：（一）辅导考试自学法；（二）连环教学法。第一个法子就是请店家住户里识字的人，辅助引导不识字的人自己学习，学了四个月，举行一次考试，考及格的，给一张好国民的文凭。这个叫做辅导考试自学法。郑晓沧先生提议，好国民文凭不如改做识字国民文凭，我们都赞成。以后就采用识字国民文凭的办法。连环教学法有两部分。第一，识字的人有几种：一是文理精通的；二是半通半不通的；三是不通的。只要认识字，虽然不通，都可以教《平民千字课》。因为不通的人眼睛认识这些字，虽然初看不懂这些字所做成的句语，只要用嘴读出声音来，耳朵就听懂了；耳朵听懂，眼睛也就看懂了。所以这种人读一句就通一句，通一句就可教一句；读一课就通一课，通一课就可教一课；读一本就通一本，通一本就可教一本；读四本就通四本，通四本就可教四本。他一面读就一面通，一面通就一面教。这是一种眼睛教嘴，嘴教耳朵，耳朵再教眼睛的办法。第二，没有受过学校教育的人，要他去教四五十人一班的学生，他是不会干的。叫他教一两个人是做得到的。假使有两个人要读书，就可以在他的左右各坐一人跟他学。一人教两人，两人教四人，四人又可教八人。你教我，我教他，他又可以教他。一店之中，管账的教同事，同事教徒弟。一家之中，先生教师母，师母教小姐，小姐教老妈子，老妈子教丫头。大家不必同时学，各人可以乘空闲的时间向人讨教。照这个法子，每一个人家、店家，只要有一个人识字，大家就可以读书了。

自从拟订这两种方法，我就直接或间接去试办。中华教育改进社的职员在羊市大街，东南大学教育科在北门桥，郑晓沧、陈鹤琴、廖茂如、徐则陵、王伯秋、胡适之、姚文彩诸先生在他们家里，洪范五先生在成贤学舍，王仕泰君在小乐意饭馆，慧空和尚在栖霞寺，薛仲起先生在江裕轮船，江彤侯先生在教育厅，江爱吾先生在安徽省公署，袁烈青先生在安徽第一监狱，都在那儿试办。

虽然有了这种办法，但是名不正则言不顺，还是不易推行。有一天晚上，在南昌和几位同志讨论定名，江西省视学桂汝丹先生提议称为“读书处”，我就加了“平民”两个字在上头，大家都赞成，命名为“平民读书处”。桂汝丹先生就做了第一个平民读书处的处长。有了这个名字，一两天之内开办了二三十处平民读书处。现在推行到武昌，这个星期之内各处开办平民读书处至少当以百计。

就经过的情形看来，识字的同事可以教不识字的同事；识字的家人可以教不识字的家人，识字的夫役可以教不识字的夫役；识字的车夫可以教不识字的车夫；识字的和尚可以教不识字的和尚；识字的犯人可以教不识字的犯人。凡是识字的人都可以教不识字的，都可以做平民读书处的助教或教师。

办教育比如给人饭吃，给人饭吃有两个方法：一是开饭馆，贴招贴，使那愿意和能够上饭馆的可以来吃饭，这是开平民学校的办法；二是叫每个人家家里设厨房弄家常便饭吃，平民读书处就是一种家常便饭的平民教育。社会上顶多十人中有一人可上饭馆吃饭，顶少有几人是要在家里吃家常便饭的。所以要想平民教育普及，就要兼办平民学校和平民读书处。照中国现在社会的情形看来，我们要特别的多设平民读书处。

陶行知 发表于1923年12月3日《中报·教育与人生》第8期

晓庄三岁敬告同志书

今日是何日？

当念三年前。

愿从今日起，

更结万年缘。

三年前的今日，老山下的小庄出了一桩奇事。他们是来扫墓吗？香烛在哪儿！强盗来分赃吗？如何这样客气！他们是开学哟。开学？学堂在哪儿！连燕子都不肯飞来的地方，忽然这样热闹！奇怪得很！

不错，我们是来开学。说得更切些，我们是来开工。还不如说，我们是在这儿来开始生活。“从野人生活出发，向极乐世界探寻”是我们今天所立的宏愿。学堂是有的，不过和别的学堂不同。他头上顶着青天，脚下踏着大地，东南西北是他的围墙，大千世界是他的课室，万物变化是他的教科书，太阳月亮照耀他工作，一切人，老的、壮的、少的、幼的、男的、女的都是他的先生，也都是他的学生。晓庄生来就是这样的一副气骨。

到了今天，已经是三周年了。说到可以看见的成绩，真是微乎其微。他所有的茅草屋，稍微有点财力的人，只要两个月就可以造得成功。一阵野火，半天便可以把他们烧得干干净净。至于每个同志之所有，除了一颗血红的心和一些破布烂棉花的行李之外，还有什么可说？然而晓庄毕竟有那野火烧不尽的东西。这些东西的价值，也许只等于穷人家在天寒地冻时之破布烂棉花，也许就是因为这些破布烂棉花的力量，那血红的心才能继续不断的跳动，那怀抱着这血红的心的生命便能生生不已。我现在所高兴说的就是这些东西。

晓庄是从爱里产生出来的。没有爱便没有晓庄。因为他爱人类，所以他爱人类中最多数而最不幸之中华民族；因为他爱中华民族，所以他爱中华民族中最多数而最不幸之农人。他爱农人只是从农人出发，从最多数最不幸的出发，他的目光，没有一刻不注意到中华民族和人类的全体。在吉祥学园里写了两句话："捧着一颗心来；不带半根草去。"晓庄是从这样的爱心里出来的。晓庄可毁，爱不可灭。晓庄一天有这爱，则晓庄一天不可毁。倘使这爱没有了，则虽称为晓庄，其实不是晓庄。爱之所在即晓庄之所在。一个乡村小学里的教师有了这爱，便是一个晓庄；一百万个乡村小学里的教师有了这爱，便是一百万个晓庄。虽是名字不叫晓庄，实在是真正的晓庄了。

晓庄三年来的历史，就是这颗爱心之历史——这颗爱心要求实现之历史。有了爱便不得不去找路线，寻方法，造工具，使这爱可以流露出去完成他的使命。流露的时候，遇着阻力便不得不奋斗——与土豪劣绅奋斗，与外力压迫奋斗，与传统教育奋斗，与农人封建思想奋斗，与自己带来之伪知识奋斗。这奋斗之历史，也就是这颗爱心之历史。晓庄没有爱便不能奋斗，不能破坏，不能建设，不能创造。个人没有爱，便没有意义，即使在晓庄，也不见得有贡献。所以晓庄和各个同志的总贡献——破坏与创造——如果有的话，都是从爱里流露出来的。晓庄生于爱，亦惟有凭着爱的力量才能生生不已咧。

我们最初拿到晓庄来试验的要算是教学做合一的理论了。当初的方式很简单。他的系统也就是在晓庄一面试验一面建设起来的。这个理论包括三方面：一是事怎样做便怎样学，怎样学便怎样教；二是对事说是做，对己说是学，对人说是教；三是教育不是教人，不是教人学，乃是教人学做事。无论那方面，“做”成了学的中心即成了教的中心。要想教得好，学得好，就须做得好。要想做得好，就须“在劳力上劳心”，以收手脑相长之效。这样一来， 我们便与两种传统思想短兵相接了。一是孟子的“劳心者治人，劳力者治于人”的二元论。这种二元论在中国的力量是很大的。他在教育上的影响是：教劳心者不劳力；不教劳力者劳心。结果把中华民族划成两个阶级，并使科学的种子长不出来。二是先知后行的谬论。阳明虽倡知行合一之说，无意中也流露出“知是行之始”之意见。东原更进一步的主张：“重行必先重知。”这种主张在中国教育上的影响极深。“知是行之始”一变而为“读书是行之始”，再变而为“听讲是行之始”。“重行必先重知”也有同样的流弊。请看今日学校里的现象，哪一处不是这种谬论所形成。不入虎穴，焉得虎子。知识是要自己像开矿样去取来的。取便是行。中国学子被先知后行的学说所麻醉，习惯成了自然，平日不肯行，不敢行，终于不能行，也就一无所知。如果有所知，也不过是知人之所知，不是我之所谓知。教学做合一既以做为中心，便自然而然地把阳明、东原的见解颠倒过来，成为："行是知之始"，"重知必先重行"。我很诚恳地敬告全国的同志，"有行的勇气，才有知的收获。"先知后行学说的土壤里，长不出科学的树，开不出科学的花，结不出科学的果。

教学做合一的理论最初是应用在培养师资上面的。我们主张培养小学教师要在小学里做，小学里学，小学里教。这小学是培养小学教师的中心，也就是师范学校的中心，不是他的附属品，故不称他为附属小学而称他为中心小学。培养幼稚园教师的幼稚园和培养中学教师的中学，都是中心学校而不是附属学校。现在实行的学园制即是艺友制，每学园有导师、艺友及中心学校，更进一步求教学做合一的主张之贯彻。现今师范教育之传统观念是先理论而后实习，把一件事分作两截，好一比早上烧饭晚上请客。除非让客人吃冷饭，便须把饭重新烧过。教学做合一的中心学校就是要把理论与实习合为一炉而冶之。

教学做合一不是别的，是生活法，是实现生活教育之方法。当初，生活教育戴着一顶"教育即生活"的帽子。自从教学做合一的理论试行以后，渐渐的觉得"教育即生活"的理论行不通了。一年前我们便提出一个"生活即教育"的理论来替代。从此生活教育的内容方法便脉脉贯通了。

“生活即教育”怎样讲？是生活即是教育。是好生活即是好教育；是坏生活即是坏教育；有目的的生活即是有目的的教育；无目的的生活即是无目的的教育；有计划的生活即是有计划的教育；无计划的生活即是无计划的教育；合理的生活即是合理的教育；不合理的生活即是不合理的教育；日常的生活即是日常的教育；进步的生活即是进步的教育。依照生活教育的五大目标说来；康健的生活即是康健的教育；劳动的生活即是劳动的教育；科学的生活即是科学的教育；艺术的生活即是艺术的教育；改造社会的生活即是改造社会的教育。反过来说，嘴里念的是劳动教育的书，耳朵听的是劳动教育的演讲，而平日所过的是双料少爷的生活。在传统教育的看法不妨算他是受劳动教育，但在生活教育的看法则断断乎不能算他是受劳动教育。生活教育是运用生活的力量来改造生活，他要运用有目的有计划的生活来改造无目的无计划的生活。

生活教育既以生活做中心，立刻就与几种传统思想冲突。第一种传统思想与生活教育冲突的是文化教育。他以文化为中心。德国战前之教育即是以文化为中心。中国主张此说的也不少。依生活教育的见解，一切文化只是生活的工具。文化既是生活的工具，哪能喧宾夺主而做教育的中心？第二种传统思想与生活教育冲突的是教、训分家。在现代中国学校里教、训分家是普遍的现象。教育好像是教人读书，训育好像是训练人做人或是做事；教育好像是培养知识，训育好像是训练品行；教育又好像是指所谓之课内活动，训育则好像是指所谓课外活动。所以普通学校里，有一位教务主任专管教育！又有一位训育主任专管训育。某行政机关拟以智仁勇为训育方针，那么，教育方针又是什么呢？生活教育的要求是：整个的生活要有整个的教育。每个活动都要有目标，有计划，有方法，有工具，有指导，有考核。智识与品行分不开，思想与行为分不开，课内与课外分不开，做人做事与读书分不开，即教育与训育分不开。生活教育之下只有纵的分任，决无横的割裂。某人指导团体自治，某人指导康健是可以的。这是纵的分任。若是团体自治的智识是功课以内归教务主任管，团体自治的行为是功课以外归训育主任管，这就是生活的横的割裂，决说不过去。第三种传统思想与生活教育冲突的是教育等于读书。生活教育指示我们说：过什么生活用什么工具。书只是生活工具之一种，是要拿来活用的，不是拿来死读的。书既是用的，那么，过什么生活便用什么书。第四种传统思想与生活教育冲突的是学校自学校、社会自社会。从前学校门前挂着闲人莫入的虎头牌以自绝于社会，不必说了，就是现在高谈学校社会化，或是社会学校化的地方也往往漠不相关。生活即教育的理论一来，他立刻要求拆墙，拆去学校与社会中间之围墙，使我们可以达到亲民亲物的境界。不但如此，他要求把整个的社会或整个的乡村当作学校。与“生活即教育”蝉联而来的就是“社会即学校”。第五种传统思想与生活教育冲突的就是漠视切身的政治经济问题。我们既承认“社会即学校”，那么，社会的中心问题便成了学校的中心问题。这中心问题就是政治经济问题。我们最初定教育目标时对于政治经济即特别重视。赵院长后来又作有力的宣言说："生活教育是教人做工求知管政治。"江问渔先生近著《富教合一》和《政教合一》两篇文字使生活教育之内容更为明显。我也作《富教合一后论》《政教合一后论》《政富合一论》以尽量发挥三者之关系，终于构成政富教合一理论之系统。晓庄所办之自卫团、妇女工学处，现在向省政府建议设置之试验乡以及十九年度计划中之生产事业，都是想把政治、经济、教育打成一片，做个政富教合一的小试验。政富教合一的根本观念是要将政富教三件事合而为一。如何使他们合起来？要叫他们在"遂民之欲达民之情"上合起来。现在这三件事的中间有很大的鸿沟。他的根本原因不外三种：一是富人拿政治与教育作工具以遂富人之欲而达富人之情；二是政客拿富人之力与教育作工具以遂政客之欲而达政客之情；三是不肯拿教育给富人和政客做工具的教师们存了超然的态度，不知教人民运用富力和政治力以遂民之欲达民之情。我们要知道等到富力成为民的富力，政治力成为民的政治力，然后生活才算是民的生活，教育才算是民的教育。在教育的立场上说，我们所负的使命：（一）是教民造富；（二）是教民均富；（三）是教民用富；（四）是教民知富；（五）是教民拿民权以遂民生而保民族。我们要教人知道，不做工的不配吃饭，更不配坐汽车。我们要教人知道"朱门酒肉臭，路有冻死骨"是最大的罪孽。我们要教人知道富力如同肥料，堆得太多了要把花草的生命烧死。我们要教人民造富的社会，不造富的个人。从农业文明进到工业文明，我们要教农民做机器的主人，不做机器的奴隶。这种主张，不消说，不但和“先富后教”，教育不管政治一类的传统思想冲突，凡是凭着特殊势力以压迫人民，致使民之欲不得遂、民之情不得达的，都是我们的公敌。

最后，晓庄是同志的结合，我不要忘记了叙述。晓庄的茅草屋一把野火可以烧得掉。晓庄的同志饿不散，冻不散，枪炮惊不散。我们是为着一个共同的使命来的。这使命便是教导乡下阿斗做中华民国的主人。要想负得起这个使命，便不能没有特殊的修养。这是我们自己勉励的几条方针：

（一）自立与互助

“滴自己的汗，吃自己的饭，自己的事自己干。靠人靠天靠祖上，不算是好汉。”这首《自立歌》，晓庄的人是没有不会唱的了。我们所求的自立，便是这首歌所指示的。但是自立不是孤高，不是自扫门前雪。我们不但是一个人，并且是一个人中人。人与人的关系 是建筑在互助的友谊上。凡是同志，都是朋友，便当互助。倘不互助，就不是朋友，便不是同志。我们唱一首互助歌罢：“小小的村庄，小小的学堂，小小的学生，个个是好汉。好汉！好汉！帮人家的忙。”

（二）平等与责任

在晓庄，凡是同志一律平等。共同立法的时候，师生工友都只有一权。违法时处分也不因人而异。我们以为，在同一的团体里要人共同守法，必须共同立法。但同志的法律地位虽平等而责任则因职务而不同。职务按行政系统分配，各有各的职务，即各有各的责任。责任在指挥，当行指挥之权；责任在受指挥，应负受指挥之义务。

（三）自由与纪律

晓庄团体行动有一致遵守的纪律，五十岁以上及对本校学术有特殊贡献的人，得由本校赠与晓庄自由章，不受共同纪律之限制。但这些纪律的目的，无非也是增进团体生活的幸福，防止个人自由之冲突。晓庄毕竟不但是个“平等之乡”，而且是个“自由之园”。晓庄以同志的志愿为志愿，以同志的计划为计划，以同志的贡献为贡献。晓庄虽然希望每个同志对于共同的志愿、计划是要有些贡献，但是乡村教育的范围广漠无边，除非是身在乡下心在城里的人，总可以找出一两样符合自己的才能兴味。大部分的生活都是供大家自由的选择。学园的成立是由于园长选同志，同志选园长，格外合乎自由的意义。试验自由是各学园的础石。晓庄所要求于个人的只是每个人都要有计划，要按着自己的计划进行。至于什么计划，如何实现，都是个人的自由。在理想的社会里，凡是人的问题都可以自由的想，自由的谈，自由的试验。晓庄虽然没有达到这种境界，但愿意努力创造这样的一个社会。这里含蓄着进步的泉源，这里孕藏着人生的乐趣。乡下人的面包已经给人家夺去一半了，剩下这点不自由的自由是多么的尊贵哟！

（四）大同与大不同

这又是一对似乎矛盾而实相成的名词。我们试到一个花园里面去看一看：万紫千红，各有他的美丽；那构成花园的伟观的成分正是各种花草的大不同处。将这些大不同的花草分别栽种，使他们各得其所，及时发荣滋长，现出一种和谐的气象，令人一进门便感觉到生命的节奏：这便是大同之效。晓庄不是别的，只是一个“人园”，和花园有相类的意义。我们愿意在这里面的人都能各得其所，现出各人本来之美，以构成晓庄之美。如果要找一个人中模范教一切人都学成和他一样，无异于教桃花、榴花拜荷花做模范。我们当教师的实在需要园丁的智慧。晓庄不但是不要把个个学生造成一模一样，并且也不愿他们出去照样画葫芦。晓庄同志无论到什么地方去，如果只能办成晓庄一样的学校，便算本领没有学到家，便算失败。没有两个环境是相同的，怎能同样的办？晓庄同志要创造和晓庄大不同的学校才算是和晓庄同，才算是第一流的贡献，才算是有些成功。

同志们！记牢了我们的使命是教导乡下阿斗做中华民国的主人。乡下阿斗没有出头之先，我们休想出头。乡下阿斗没有享福之先，我们休想享福。我们若是赶在农人前面去出头享福，只此一念便是变相的土豪劣绅。与农人同甘苦，共休戚，才能得到光明，探出生路。我们大家唱首《劳山歌》，为中华民国的主人努力吧！

老山劳；

小庄晓：

咱锄头，

起来了。

老山劳；

小庄晓：

新时代，

推动了。

陶行知 发表于1930年3月15日《乡村教师》第7期

陶行知年谱

1891年　出生

10月18日生于安徽省歙县西乡黄潭源村。乳名和尚，学名文濬。

1895年　4岁

开始随父亲认字。

1896年　5岁

私塾先生方庶咸为其开蒙。

1898年　7岁

进入吴尔宽先生经馆读书。

1906年　15岁

进入歙县基督教内地会所办的崇一学堂学习。

1908年　17岁

提前从崇一学堂毕业。

考入杭州广济医学堂，后因为学校对不信教学生的歧视愤而退学。

1909年　18岁

考入南京汇文书院。

1910年　19岁

升入金陵大学文学系。

1911年　20岁

辛亥革命爆发，受到孙中山革命思想的影响，拥护革命。

1912年　21岁

邀请东吴大学学生开运动会，为黄兴领导的南京留守机构筹款。

1913年　22岁

筹办金陵大学学报《金陵光》的中文版，先后任中文编辑和中文主笔。

1914年　23岁

从金陵大学毕业。

夏天，与汪纯宜结婚。

9月，进入伊利诺大学攻读市政学。

1915年　24岁

1月，父亲逝世。

4月，长子陶宏生。

夏，获伊利诺大学政治学硕士学位。

秋，进入哥伦比亚大学师范学院学习教育。

1916年　25岁

2月，获得利文斯顿奖学金。

1917年　26岁

8月，获哥伦比亚大学“都市学务总监资格凭”，回国。

9月，任南京高等师范学校教育学教授。

1918年　27岁

3月，代理南京高等师范学校教务主任。

1919年　28岁

1月，参加由北京大学、南京高等师范学校、暨南学校、江苏省教育会、中华职业社共组的新教育改进社。

3月，同蔡元培、胡适等商定，以江苏教育会、北京大学、南京高等师范学校等文教团体的名义，联合邀请杜威来华讲学。

5月，陪同杜威到南京、上海等地讲演。

5月9日，参加声援五四运动的游行集会。

五四运动后，在南京高等师范学校把全校各学科的“教授法”改为“教学法”，不久为全国教育界所采用。

1920年　29岁

4月，接待杜威到南京高师讲学。

夏天，在南高师举办第一次暑期学校。

1921年　30岁

7月，欢送杜威回国。

9月，参加全国教育会联合会第七届年会。

1922年　31岁

12月，南京高等师范学校并入东南大学。任东南大学教授、教育科主任和教育系主任。

1923年　32岁

与晏阳初等组织中华平民教育促进会。

夏，被聘为南京安徽公学校长。

1924年　33岁

在张家口、北京、开封、南京等地推行平民教育。

1925年　34岁

8月，负责中华教育改进社第四届年会的组织工作。

1926年　35岁

春天，被推举为中华教育改进社“国家教育改革委员会委员”及“促成宪法中制定教育专章委员会”委员。

1927年　36岁

2月，主持乡村师范立础礼，将“小庄”为“晓庄”，意为日出而作。

3月，晓庄师范开学。

1928年　37岁

8月，将晓庄师范改为晓庄学校。

夏天，接待冯玉祥来晓庄学校参观。

1929年　38岁

1月，组织晓庄剧社。

1930年　39岁

1月，在晓庄主持召开乡村教师讨论会。

3月，主持晓庄学校成立三周年纪念活动。

4月，晓庄学校被停办。蒋介石密令停办晓庄学校。

秋天，被迫到日本暂避。

1931年　40岁

春天，返回上海。

夏天，在史量才资助下，创立自然学园，提倡“科学下嫁”运动。

1932年　41岁

9月，晓庄小学在南京佘儿岗开学。

10月，在上海市创立山海工学团。

1933年　42岁

3月，参与马克思逝世五十周年纪念大会。

11月，母亲病故。

1934年　43岁

主编《小先生丛书》。

1935年　44岁

4月，创办“三十分钟普及教育”。

1936年　45岁

4月，从上海去广西。

8月，参加在英国伦敦召开的世界新教育会议；出席瑞士日内瓦召开的世界青年大会。

9月，参加比利时布鲁塞尔召开的世界和平大会。

1937年　46岁

2月，出席美国洗衣工会联合会议。

4月，被国民党江苏省高等法院通缉。

1938年　47岁

2月，在伦敦出席世界反侵略大会。

创立中国战时教育协会。

1939年　48岁

2月，在重庆参加国民参政会第三次会议。

7月，育才学校开学，借用重庆北碚温泉小学校舍。

1940年　49岁

5月，组织育才学校师生修路庆祝五一劳动节。

1941年　50岁

拒绝当时国民政府教育部部长陈立夫向育才学校派遣训育主任的要求，保持学校的独立性。

1943年　52岁

3月，到育才学校办的农场指导工作。

1944年　53岁

3月，动员育才师生到农村参与劳动生产。

9月，与宋庆龄等人联名发起邹韬奋先生追悼会。

1945年　54岁

春天，育才学校成立秧歌队为民众演出。

12月，参加重庆各界追悼昆明“一二·一”死难烈士大会。

1946年　55岁

1月，创办重庆社会大学，任校长。

2月，参加较场口庆祝政治协商会议成功大会。

7月25日，突发脑溢血逝世。

图书在版编目（CIP）数据

陶行知传 / 刘锐著. -- 北京 : 北京时代华文书局, 2015.6（2022.3 重印）
（中国人格读库 / 高占祥主编）
ISBN 978-7-5699-0260-0

Ⅰ. ①陶… Ⅱ. ①刘… Ⅲ. ①陶行知（1891～1946）—传记 Ⅳ. ①K825.46

中国版本图书馆CIP数据核字（2015）第137005号

陶行知传
Tao Xingzhi Zhuan

主　　编 | 高占祥
著　　者 | 刘　锐

出 版 人 | 陈　涛
责任编辑 | 邢　楠
装帧设计 | 程　慧　段文辉
责任印制 | 訾　敬

出版发行 | 北京时代华文书局 http://www.bjsdsj.com.cn
北京市东城区安定门外大街138号皇城国际大厦A座8楼
邮编：100011　电话：010-64267955　64267677
印　　刷 | 三河市嵩川印刷有限公司　0316-3650395
（如发现印装质量问题，请与印刷厂联系调换）
开　　本 | 787mm×1092mm　1/16　　印　　张 | 13.5　　字　　数 | 128千字
版　　次 | 2016年1月第1版　　印　　次 | 2022年3月第3次印刷
书　　号 | ISBN 978-7-5699-0260-0
定　　价 | 42.00元